Brauseboys
BERLIN MIT SCHARF

THILO BOCK
ROBERT RESCUE
FRANK SORGE
VOLKER SURMANN
HEIKO WERNING
 # BRAUSEBOYS

Berlin mit scharf

GESCHICHTEN
AUS EINER
UNVOLLENDETEN
STADT

1. Auflage Dezember 2017

© Satyr Verlag Volker Surmann, Berlin 2017
www.satyr-verlag.de

Cover: Maren Kaschner
Autorenfoto: Brauseboys
Korrektorat: Jan Freunscht
Druck und Bindung: CPI Books, Clausen & Bosse, Leck
Printed in Germany

Die Deutsche Nationalbibliothek verzeichnet diese Publikation in der Deutschen Nationalbibliografie; detaillierte bibliografische Daten sind im Internet abrufbar über: http://dnb.d-nb.de

Die Marke »Satyr Verlag« ist eingetragen auf den Verlagsgründer Peter Maassen.

ISBN: 978-3-944035-97-0

INHALT

1. Berlin verstehen
Wir Auskunftsberliner (Thilo Bock) 9
Neu in Berlin (Robert Rescue) 13
Der letzte Rosinenbomber (Heiko Werning) 18
Berliner Nächte sind lang (Volker Surmann) 23
Der Döner im Wandel der Zeiten (Frank Sorge) 28

2. Berliner Kämpfe
Im Sog der Bürokratie (Robert Rescue) 39
Abschottung (Volker Surmann) 44
Einladung von Schmidtski (Frank Sorge) 49
Geben und Nehmen (Heiko Werning) 53
Wenn's dir nicht passt, kannste ja gehen. Mit etwas Glück
    fährt sogar ein Zug. (Thilo Bock) 60

3. Berlin erleben
Wie ich mal aus gesundheitlichen Gründen den Wedding
    verlassen musste (Robert Rescue) 67
Amöbenjahre. Oder: Ich bin jetzt Experte
    (Volker Surmann) 71
Der Mitbewohner (Thilo Bock) 77
Verklebt (Heiko Werning) 82
Mikrokosmos (Frank Sorge) 88

4. Berlin gaga
Die Yoga-Kriege vom Friedrichshain (Volker Surmann) 93
Das Orakel vom Kiez (Frank Sorge) 97

Ein himmlisches Gespräch (Robert Rescue) 102
Als ich fast mal reich geworden bin (Thilo Bock) 105
Dies ist ein Beitrag zur Kritik einer Berliner Subkultur, auch
    wenn es nicht sofort offenkundig ist (Heiko Werning) ... 110

5. *The New Berlin*
Wedding für alle (Frank Sorge) 117
Knollen der Amoralität (Volker Surmann) 119
Exodus (Robert Rescue) 123
Historische Berliner Momente: Der Tag, an dem die
    Pandas kamen (Heiko Werning) 128
Raus aus dem Schlamassel, rein in den Wahnsinn! Berxit
    jetzt! (Thilo Bock) 132
Gentrifizier mir (Frank Sorge) 136

6. *Auswärts jwd*
Sportvereinsheimgaststätte (Heiko Werning) 141
Zehlendorf, Ortslage Düppel (Robert Rescue) 146
Der frühe Vogel singt mir viel zu laut (Thilo Bock) 151
Der Eiermann (Volker Surmann) 156
Ankunft in Tegel (Frank Sorge) 162

7. *Berlin widersetzen*
Meine Zeit ist gekommen, ich kriege sie alle
    (Robert Rescue) 169
Briefe an die Berliner (Heiko Werning) 174
LLL (Volker Surmann) 183
Was man Berliner nie fragen sollte (Thilo Bock) 188
Wir vom Milieu (Frank Sorge) 192

Nachwort 197
Die Brauseboys 199

KAPITEL 1

Berlin verstehen

WIR AUSKUNFTSBERLINER

Thilo Bock

Ich bin ja immer froh, wenn ich helfen kann. Wenn wer was von mir wissen will. Zum Beispiel, wie er zum BER kommt. Den frage ich meinerseits, was er um Himmels willen am BER will.

»Da fliegt doch nix!«

»Na, deswegen muss ich da ja auch hin. Um denen die Brandschutzanlage zu reparieren.«

»Ah! Dann fahren Sie am besten bis zum U-Bahnhof Hönow, nehmen den hinteren Ausgang und laufen immer geradeaus.«

»Laufen?«

»Ja, leider gibt's noch keinen Bahnanschluss. Und die Busverbindungen ... Nee, besser nicht. Auch wenn Ihnen andere vielleicht was anderes sagen. Laufen geht echt am schnellsten. Glauben Sie mir, ich bin zertifizierter Auskunftsberliner.«

»Oh, dann habe ich ja Glück, Sie getroffen zu haben.«

»Das Glück ist ganz auf meiner Seite.«

Zufrieden blicke ich dem Mann nach, beseelt davon, wieder einmal eine gute Tat vollbracht zu haben. Wunderbar, dass ich den umlenken konnte! Sonst hätte der noch den Flughafen repariert, und fortan würden bei Berlin minütlich Ferienflieger aus der ganzen Welt eintreffen.

Ich habe nichts gegen Touristen. Und ich begegne ihnen in der Regel auch mit Wahrhaftigkeit. Doch die meisten meiner Mitberlinerinnen und Mitberliner sind noch nicht so weit.

Der sogenannte Senat, besser bekannt als »Berliner Freizeitausschuss«, hat in der Vergangenheit zwar viel dafür getan, dass die Stadt von Besuchern überschwemmt wird, aber in seinem Eifer vergessen, die Bevölkerung auf die Ankunft der Ahnungslosen vorzubereiten.

Neulich saß ich im Nachtbus vorne rechts, also schräg hinterm Chauffeur. Unter den Linden stieg eine Japanerin ein mit lustiger Mütze und dickem Rollkoffer und fing an, den Fahrer in ein Gespräch zu verwickeln, das dieser irgendwann ergebnisoffen beendete, indem er einfach mal den Blinker setzte.

Verwirrt wandte sich die Japanerin nun mir, dem Nächstsitzenden, zu. Ich hörte gerade ein wunderbares Stück Musik und genoss den Blick auf den menschenleeren Boulevard, aber das kümmerte die Frau gar nicht. Sie plapperte mich fröhlich lächelnd an. Das störte die Stimmung und den Rhythmus der Musik in meinen Ohren. Also ließ ich die Stöpsel herausploppen und mir das Problem schildern. Gegen 1 Uhr in der Früh wollte die Dame doch ernsthaft zum Flughafen Tegel, wo nachts ja überhaupt nichts fliegt. Immerhin, tags schon.

Ja, um sechs!, gab die Japanerin an. So lange wolle sie vor Ort warten«. Ich befragte mein schlaues Telefon, wie man nachts um eins zum Flughafen kommt. Gar nicht. Der erste Bus dorthin fährt ab Zoo um drei Uhr dreißig. Das sagte ich der Japanerin. Sie erwiderte, da gäbe es doch eine U-Bahn – »you six, you know?« –, die ganz nah am Flughafen vorbeiführe, den Rest könne sie ja laufen. Auf der Karte habe das nicht so weit ausgesehen. Und sie habe schließlich Zeit.

Ich betrachtete ihren dicken Rollkoffer, stellte mir kurz vor, wie sie damit über die Stadtautobahn manövrieren würde, und schüttelte den Kopf. Sie solle lieber zum Zoo fahren. Nirgendwo lernt man die Stadt besser kennen als dort. Zwischen denkmalgeschützten Ruinen des Kalten Krieges pfeift ein schneidiger Ostwind, der stets leicht nach Tierurin duftet. Das aber verschwieg ich lieber, als ich sagte, *Zoo Station* sei ein nahezu romantischer Ort. Wenn man Glück habe, könne man beim Warten sogar Elefanten streicheln.

Die Japanerin wirkte skeptisch. »Are you sure?«

»Yes, trust me. I am an educated Berlin informant. No whistleblower, just an Auskenner.«

In anderen Worten: Ich bin ein Auskunftsberliner. Und damit nicht allein. Ohne uns ginge in dieser Stadt gar nichts mehr. An jeder Ecke orientierungslose Touristen, die die Stadtpläne falschrum halten.

Auskunftsberliner! Das ist doch was. Endlich mal eine Perspektive für all die hier ansässigen Besserwisser und Klugscheißer. Eine kurze Schulung, und schon geht's los. Wer sich qualifiziert, bekommt einen Button angesteckt, der Fremden signalisiert, dass der Stickerträger fähig ist, ihnen weiterzuhelfen. Natürlich gehört da auch ein bisschen Psychologie hinzu. Feinfühligkeit! Das ist nichts für die üblichen Tourette-Tröter und Schulle-Nasen. Nein, ein guter Auskunftsberliner weiß, wen er wann wohin schickt.

Nicht jeder, der zur Museumsinsel möchte, sollte diese finden müssen. Lärmende Schulklassen lotst man lieber gleich in ein Großraumeinkaufszentrum nach Hellersdorf oder – bei hoher Markenklamottendichte – in eine dunkle Neuköllner Ecke. Die dort herumlungernden Kleinkriminellen müssen schließlich auch beschäftigt werden. Sonst kommen die noch auf falsche Gedanken und überfallen Einheimische.

Außerdem sind Auskunftsberliner dazu angehalten, die Touristenströme zu lenken. Per SMS erhalten sie die aktuellen Hotspots des Besucherinteresses und können so gegebenenfalls umlenken. Fragt beispielsweise eine sächsische Schulklasse nach dem Weg zum Alexanderplatz, wo derzeit jedoch nicht nur ein jahreszeitlicher Budenmarkt stattfindet sowie die Kundgebung einer bizarren Splittergruppe von Mondanbetern, sondern bereits mehrere Reisegruppen aus verschiedenen Erdteilen umherirren, sollte der verständige Auskunftsberliner bemüht sein, den Sachsen andere Orte schmackhaft zu machen.

Schon mal in der Kaulsdorfer Kronkorkensammlung gewesen? Oder im Wilmersdorfer Lippenstiftmuseum? Oder bei der Wurstbude mit dem ältesten noch flüssigen Fett der Welt? Die ist in Wedding. Oder wie wär's mit einem Ausflug nach Mahlsdorf? Dort steht Europas modernste Müllsortierfabrik. Wenn das mal nichts ist!

Bleiben die Fragenden allerdings beharrlich und wollen unbedingt zu ihrem Wunschort, muss der Auskunftsberliner zu härteren Bandagen greifen und die Touristen bewusst in die Irre führen. Am besten mit dem Bus nach Köpenick. Die Hinfahrt dauert ewig, und eh' sie zurückfinden, ist der Alex wieder menschenleer.

NEU IN BERLIN

Robert Rescue

»Ich wohne seit einem Jahr in Kreuzberg und spiele mit dem Gedanken, in den Wedding zu ziehen. Der soll ja mächtig im Kommen sein. Was meinen Sie?« Ich schaute den Typen vor mir aufmerksam an. Am Tresen standen zwanzig Leute und verlangten Getränke, und er wollte ein Gespräch mit mir anfangen. Ausgerechnet jetzt! Genau so etwas hasse ich wie die Pest. Und schlimmer noch: Er siezte mich.

Wenn ich im *Klappstuhl e.V.* jeden Mittwoch meine Tresenschicht antrete, möchte ich den Abend über meine Ruhe haben. Ich möchte, dass nur wenige Leute kommen, die alle nur Bier oder Wein trinken wollen, mir aber nicht mit so exotischen Getränkewünschen kommen wie B52 oder White Russian. Die kann ich nämlich beide nicht. Nachfragen nach einem White Russian beantworte ich stets mit einem »Milch ist leider alle«, obwohl im Kühlschrank zwei Packungen stehen, und den Wunsch nach einem B52 lehne ich ab mit einem: »Das ist ein Druckfehler auf der Getränkekarte. Damit ist eigentlich ein Lebensmittelzusatzstoff gemeint.«

Wobei ich da das Glück habe, noch keinem Klugscheißer begegnet zu sein, der dann entgegnen würde: »Das kann nicht sein. Lebensmittelzusatzstoffe sind grundsätzlich mit einem E vor der Zahl gekennzeichnet.«

Aber dann würde ich einfach sagen: »Das ist ein Vitaminzusatz. Vitamin B52 hilft gegen notorische Nörgler, die meinen, in jeder Lebenslage und entgegen besseren Wissens recht haben zu wollen.«

Ich möchte, dass die Gäste sich nicht mit mir unterhalten, sondern unter sich bleiben. Wenn ich Glück habe, kommt Stefan rein, ein Exmitstreiter. Der unterhält sich gerne und über alles Mögliche und hält mir die Leute vom Hals. Die Gäste sollen das Gefühl haben, dass es ein guter Abend ist und sich jemand ihrer Sorgen oder Themen annimmt. An mich sollen sie nur denken, wenn sie Getränke haben wollen, und mich wieder vergessen, wenn sie diese haben. Ich bin für den Tresendienst nicht geschaffen, ich mache das ungern, aber da der Laden Nachwuchssorgen hat, muss ich auch mal ran. Deshalb übernehme ich den Mittwoch, den Tag, wo Leute ihr Feierabendbier trinken und sich nicht die Nacht um die Ohren schlagen wollen.

Nun kam aber neulich die Facebook-Gruppe »Neu in Berlin« auf die Idee, ihren monatlichen Stammtisch mal im *Klappstuhl e.V.* abzuhalten. Als ich mir die Veranstaltung auf Facebook ansah, bekam ich es mit der Angst zu tun: »221 sind interessiert, 76 nehmen teil«. Ich rief um Hilfe, denn mir war klar, dass ich bereits bei 15 Leuten kollabieren würde – und das in den ersten zehn Minuten nach ihrem Eintreffen.

Clara bot sich an, und das war mir eine große Hilfe, denn sie arbeitete gelegentlich in der Gastronomie und konnte sicherlich auch die oben erwähnten exotischen Getränkewünsche erfüllen.

Nun lief der Abend mit der »Neu in Berlin«-Gruppe anders ab als geplant. Ich hatte die Eismaschine zu spät angeschaltet, sodass zu wenig Eis da war. Manche fragten nach »Alkopops«, ein Wort, das ich seit Jahren nicht mehr gehört hatte. Ihnen gaben wir dann Radler in Flaschen, was ja irgendwie auch ein Alkopop ist. Viele der Stammtischbrüder und -schwestern machten dagegen den Kardinalfehler, der im *Klappstuhl* überhaupt nicht gerne gesehen wird. Sie kamen an die Theke und bestellten ein »Pils«. Anfangs zeigte ich noch auf die herumliegende Getränkekarte oder schaute auf den beleuchteten Kühlschrank und fragte: »Was für ein Pils? Wir haben Berliner, Budweiser, Staropramen und Pilsator, die Hausmarke.«

Nach dem zehnten Besteller war ich es leid und holte einfach irgendeine Bierflasche heraus.

Was mich interessierte, war die Frage, ob alle Anwesenden wirklich Neu-Berliner waren. Anfangs sprachen wir die Leute noch an und fragten nach. Einer war tatsächlich erst seit sechs Monaten in der Stadt, aber alle anderen wohnten hier schon zwei bis zwölf Jahre. Ein richtiger Neuling war nicht auszumachen.

Dann stand plötzlich Klaus vor dem Tresen. Ein gebürtiger Berliner, der mit Frau und Kindern nach Schweden ausgewandert ist, wo er jetzt als Busfahrer arbeitet. Er trank ein Bier und verabschiedete sich dann, weil es ihm zu voll war. Dabei hätte er all den Neuberlinern gute Tipps geben können, wie man die Stadt verlässt, um woanders beruflich und familiär sein Glück zu finden. Inzwischen war die Situation desolat. Es mochten etwa 70 bis 100 Personen im Laden sein, und alle wollten trinken. Der Kühlschrank verdiente seinen Namen nicht mehr. Wir stellten aus Gewohnheit Flaschen rein, um sie spätestens nach drei Minuten rauszuholen und zu verkaufen. Einer stellte seine leere Flasche auf den Tresen und wandte sich an mich:

»Ich wohne seit einem Jahr in Kreuzberg und spiele mit dem Gedanken, in den Wedding zu ziehen. Der soll ja mächtig im Kommen sein. Was meinen Sie?«

Neben mir stand Clara und ackerte routiniert, während mir die Kräfte schwanden. Und jetzt dieser Typ mit seiner Frage. Ignorieren konnte ich ihn nicht, und Stefan war leider nicht da.

Mich zu siezen, empfinde ich stets als Art Kommentar zu meinem äußeren Erscheinungsbild und meinem Alter. Okay, damit musste ich leben. Aber warum suchte er das Gespräch? Ich zündete mir eine Zigarette an.

»Was zahlst du denn in Kreuzberg so?«, fragte ich zurück.

»So etwa 1.300 Euro für 60 Quadratmeter. Finde ich aber ganz schön viel. Ich habe gehört, im Wedding soll es viel billiger sein.«

»1.300 Euro«, gab ich ungläubig zurück. »Das ist ja ein Schnäppchen! Ich zahle 1.800 Euro für 30 Quadratmeter.«

»Was?« Mein Gegenüber wich einen Schritt vom Tresen zurück.

»Das ist noch das Billigste, was du hier finden kannst«, entgegnete ich. »Einige hier beneiden mich um meine Wohnung. Siehst du den Typen da drüben, der neben dem Garderobenständer? Der hat 80 Quadratmeter.«

»Und wie viel zahlt der?«

»Das verrate ich dir besser nicht. Sonst kippst du aus den Latschen. Der arbeitet in der Bundestagsverwaltung. Gehobener Dienst, du verstehst? Die Miete frisst aber viel vom Verdienst auf, deshalb bekommt er noch Wohngeld dazu. Und hier trinkt er nur Pilsator, mehr kann er sich nicht leisten.«

»Und wie finanzierst du die Miete? Doch nicht etwa mit diesem Job hier?«

»Nein, natürlich nicht. Ich gehe nachher noch putzen. Acht Stunden. Danach noch Regale einräumen, anschließend wieder hier hinter dem Tresen.«

»Und wann hast du Freizeit?«

»Freizeit? Was?« Ich machte ein irritiertes Gesicht. Mein Gegenüber gestikulierte kurz hilflos.

»Und was ist mit der Kriminalität? Wir haben ja den Kotti und die Antänzer. Ich wohne da in der Gegend, und mir ist nicht wohl in meiner Haut.«

»Ja, davon habe ich gelesen und schallend gelacht«, rief ich aus. »Ich habe bloß gedacht: Mann, über was die sich aufregen. Hier im Wedding gibst du zweimal am Tag deine Brieftasche und dein Handy ab. Sie tanzen auf dich zu, und du winkst nur ab und sagst: ›Okay, hier habt ihr.‹ Man kommt sich vor wie auf dem Karnevalsumzug in Rio. Deshalb habe ich auch mehrere Jobs. Einerseits für die Miete, andererseits für die Beute. Wir verteilen hier im *Klappstuhl* eigentlich auch Salzstangen und Erdnüsse an die Gäste, aber nicht, wenn ich Schicht habe. Ich muss ja schließlich auch mal was essen.«

Ich nahm ein warmes Bier aus dem Kühlschrank und reichte es ihm. »Überleg dir das gut mit dem Wedding. Ich habe dir noch nicht mal alles erzählt, du verstehst?«

Er schaute ratlos, legte Geld auf den Tresen und ging zurück in den Nebenraum. Dort würde er erzählen, was ich ihm berichtet hatte, das war gewiss.

Ich dachte kurz nach und kam zu dem Schluss, dass mir gefiel, was ich ihm erzählt hatte. Das versöhnte mich mit diesem arbeitsreichen Abend.

DER LETZTE ROSINENBOMBER

Heiko Werning

Fast schien die alte Frontstadt Berlin endgültig am Ende: Hertha BSC immer mal wieder in der zweiten Liga, Brigitte Mira und Eisbär Knut lange tot, der Flughafen kaputt, und dann auch noch das: Chefreporter Gunnar Schupelius verließ die *B.Z.*, das Boulevardblatt für alle Berliner, denen die *Bild*-Zeitung zu akademisch ist.

Aber gerade noch rechtzeitig war der Mann nach einem halben Jahr beim *Focus* wieder da. Die ganze Stadt atmete erleichtert auf. »Keine gute Nachricht für Schlamper-Behörden, Geldverschwender, Vergangenheits-Leugner und Flunker-Politiker!«, jubelte die *B.Z.* »Gunnar Schupelius kommt zurück zu Berlins größter Zeitung und nimmt seine beliebte Kolumne wieder auf.« Die da heißt: »Mein Ärger – der gerechte Zorn des Gunnar Schupelius«.

Nun könnte man fragen: Who the fuck is Gunnar Schupelius? Die B.Z. gibt Auskunft: Es handelt sich nämlich um »Berlins schärfste Feder«, um jemanden, der täglich »den zornigen Finger stets in die richtige Wunde legt«.

Zwar sieht Schupelius aus wie eine Kreuzung zwischen Harry Potter aus *Harry Potter* Teil 1 und Harry Potter aus *Harry Potter* Teil 2, neben ihm erinnert selbst Eberhard Diepgen an einen verwegenen Anarcho und die Pandabären im Zoo an Amok laufende Werwölfe, er wirkt wie der erotische Wunschtraum jeder Wilmersdorfer Witwe, wenn sie sich nach einer Flasche Mampe halb und halb noch eine Überdosis Valium verabreicht hat. Aber das kuschelige Äußere darf nicht über den Zorn seines Fingers hinwegtäuschen, sein Intellekt ist scharf wie eine Berliner Currywurst (ohne Darm!). Unerbittlich kämpft er für die Schwachen und gegen ihre Unterdrücker. Also: für Autofahrer und gegen Radler.

»Die Verkehrspolitik in Berlin zeichnet sich seit Jahren dadurch aus, dass Autofahrern immer mehr Platz weggenommen und Radfahrern immer mehr Platz gegeben wird. Die Stadt wurde mit Fahrradstreifen durchzogen und sogar mit Fahrradstraßen, in denen Autos prinzipiell benachteiligt sind. Autoparkplätze wurden abgebaut, Fahrradständer aufgebaut«, fingert er in der richtigen Wunde, denn welcher Berliner wäre nicht entnervt davon, ständig über im Weg herumstehende Fahrradständer klettern zu müssen, während es auf den Straßen praktisch keine Autos mehr gibt. Deren Fahrer zudem durch bizarre Lärmschutzmaßnahmen gedemütigt werden: »Das ist absurd! Den Anwohnern winken viel Geld und neue Schallschutzfenster, und es wurde ein Exempel gegen das Automobil statuiert.« Und dann fällt diesen Geldsäcken hinter ihren nigelnagelneuen Schallschutzfenstern nichts Besseres ein, als gegen den dringend notwendigen Straßenausbau zu klagen: »Wer dagegen klagt, der hat doch nicht mehr alle Tassen im Schrank!« Oder, schlimmer noch, der ist womöglich Radfahrer: »Es ist ja bekannt und oft beschrieben worden, dass der Mensch, wenn er sich auf's Fahrrad setzt, einen großen Teil seiner Hemmungen verliert. Er jagt mit lauten Rufen die Fußgänger vor sich her und droht jedem zweiten Autofahrer mit der Faust.« Höchste Zeit, dass die Flunker-Politiker und Schlamper-Behörden etwas dagegen unternehmen: »Klar ist doch, dass es für Radfahrer endlich ein Tempolimit geben muss.« Stattdessen aber geht es wieder nur gegen die freien Bürger, denn jetzt fordert sogar die Berliner »Wattebausch-CDU« einen »Hundeführerschein«, um sie noch weiter zu gängeln. Hemmungslose Radfahrer dürfen also einfach so völlig ungebremst durch die Stadt rasen und ein Exempel nach dem anderen gegen harmlose Automobile statuieren, während ausgerechnet der brave Hundehalter, der emotionale Identitätskern der Stadt (Herz und Schnauze!), mit irren Behördenauflagen terrorisiert wird. Es ist so ungerecht: »Es ist schlimm, wenn ein Kind von einem Hund gebissen wurde, aber es ist auch schlimm, wenn ein Kind von einem rasenden Fahrradfahrer umgefahren wurde. Einen Fahrradführerschein gibt es nicht.« Oder wenigstens Maulkorbpflicht und Leinenzwang für Radler!

Aber Schupelius schwingt seine scharfe Feder nicht nur für den Fortschritt, sondern als letzter Standhafter auch gegen die Kommunisten. Jahrhundertelang verteidigten die Rosinenbomber die Freiheit des Westens, und dann das: »Der Westteil dieser Stadt wird benachteiligt. Im Westen wurden zwei große Theater geschlossen, im Osten keins. Die Deutschlandhalle ist dicht, während im Ostteil drei Olympiahallen und die O2-World errichtet wurden.« Die Beispiele ließen sich endlos fortführen: Harald Juhnke, Hänschen Rosenthal und Didi Hallervorden sind lange tot, während die *Puhdys*, Kati Witt und Oskar Lafontaine ihr unheilvolles Wirken ungestört fortsetzen. Das Stadtschloss im Osten wird wieder aufgebaut, während die Gedächtniskirche im Westen einfach kaputt stehen gelassen wird. Der *Völkische Beobachter* wurde eingestellt, während das *Neue Deutschland* weiter erscheint. Und schließlich: »Der Straßenbau wurde im Westen über 20 Jahre gegen null gefahren, während der Osten überall ganz neue Straßen bekam.« Man kennt das ja: Während den Menschen in Marzahn oder Lichtenberg die Schallschutzfenster in ihren Plattenbauten vergoldet werden, sind die Bewohner der Elendsviertel wie Zehlendorf, Dahlem und Nikolassee bereits gezwungen, sich Geländewagen mit Vierradantrieb anzuschaffen, um die unwegsamen Straßen überhaupt noch passieren zu können. Und dann sollten auch noch dem (West-)Zoo die Zuschüsse gestrichen werden, während der (Ost-)Tierpark weiterhin Geld bekommt: »Der Zoo ist Liebling des Publikums, der Tierpark spielt die zweite Geige. Warum wird der Verlierer belohnt und der Gewinner bestraft?« Dieser verdammte Sozialismus überall! »Der Tierpark wurde zu DDR-Zeiten als Zoo-Ersatz für den Ostteil der Stadt gebaut. Er ist heute überflüssig«, zumal dort von der Baikal-Robbe bis zum Sibirischen Tiger immer noch zahllose Russen stationiert sind. Schupelius' federscharfes Fazit: »Es muss auch mal möglich sein, im Ostteil einen Subventionsempfänger vom Netz zu nehmen und nicht immer nur im Westen.« Wo ja nicht nur der Zoo, sondern auch der gleichnamige Bahnhof vom Netz genommen wurde und inzwischen aussieht wie nach 40 Jahren sozialistischem Schlendrian: »Der Bahnhof Zoo ist gegenwärtig eine Schande für Berlin. Wirklich unappetitlich sieht er aus. In der Haupthalle des Bahnhofs sind zwei von sechs Deckenlampen ausgefallen, zwei weitere brennen nur mit halber Kraft. An einer schmutzigen, verschlossenen Tür hängt ein zerknüllter Telekom-Aufkleber mit der Aufschrift Hot-Spot.« – Zerknüllte Hot-Spot-Aufkleber und ausgefallene Deckenlampen, mitten in West-Berlin. Das ist der späte Sieg von Erich Honecker!

Doch auch der Gerechteste kann einen Moment der Schwäche erleben, wenn alles, woran er glaubt, sich gegen ihn wendet: »Vor einigen Tagen blieb ich mit meinem Wagen auf dem Kaiserdamm liegen, in Fahrtrichtung West« (selbstverständlich). Auf der mittleren von drei Spuren stand Schupelius mit seiner Karre, da geschah das Unfassbare: »Ich konnte nicht aussteigen, denn niemand hielt an. Autos und Lastwagen bremsten noch nicht einmal ab.« Es kam zum Äußersten: »Ich hörte Hupen und laute Flüche aus geöffneten Wagenfenstern. Man zeigte mir den Vogel.« Um es zu verdeutlichen: Andere

Autofahrer (!) zeigten ihm, Gunnar Schupelius (!), den Vogel! Und dann auch noch das: »Die Ampel hinter mir schaltete auf Rot, und ich wollte aus dem Auto springen. Das wäre fast mein Ende gewesen.« Man stelle es sich nur mal bildlich vor: Gunnar Schupelius, mitten auf dem Kaiserdamm, den goldenen Westen noch fest im Blick, überfahren von, ausgerechnet: »Linksabbiegern von der Stadtautobahn«!

Das war knapp. Auch für die Freiheit der Stadt. Doch so lange Gunnar Schupelius heil aus seinem Auto steigt, wird das alte West-Berlin nicht untergehen.

Wenn es aber doch einst schiefgehen sollte: Begrabt seinen zornigen Finger an der Biegung des Verkehrsflusses.

BERLINER NÄCHTE SIND LANG

Volker Surmann

Sie waren zu oft bei der Langen Nacht der Museen? Es macht Ihnen keinen Spaß mehr, mit zehn Shuttlebusladungen Kunstfreunde durch alle Säle zu joggen? Die Lange Nacht der Wissenschaften ödet Sie an, weil Sie keinen Bock mehr haben auf *noch* ein Merkelfoto und *noch* ein Katzen-GIF in jedem verdammten Science-Slam-Beitrag? Sie wollten zur Langen Nacht der Ausbildungsberufe, waren aber zu spät dran, weil die Lange Nacht nur von 17 bis 22 Uhr ging? Dann wurden die Azubis von ihren Eltern abgeholt.

Der Trend zur Langen Nacht ist ungebrochen. Die Lange Nacht ist der neue Tag der offenen Tür. In Berlin gab es zuletzt: die Lange Nacht der Museen, die Lange Nacht der Opern und Theater, die Lange Nacht der Wissenschaften, die Lange Nacht der Autohäuser, die Lange Nacht der Industrie, die Lange Nacht der Ausbildungsberufe, die Lange Nacht der Familie, die Lange Nacht der Start-ups, die Lange Nacht der Bibliotheken, die Lange Buchnacht Oranienstraße, die Lange Buchnacht Moabit, die Lange Nacht des Tauchens, die Lange Nacht der Ernährung, die Lange Nacht der Religionen, die Lange Nacht der Stadtnatur, die Lange Nacht des Ehrenamts, die lange Nacht des Designs, die Lange Nacht des Tanzes, die Lange Nacht der Filmfestivals und für alle Heimwerkerfreunde die Lange Nacht des Selbermachens (was jedoch arg nach exzessiver Onanie klingt).

Sie glauben, schon alles gesehen zu haben? Dann kann Ihnen geholfen werden. Freuen Sie sich auf:

1. DIE LANGE NACHT DER ÄMTER UND BEHÖRDEN

Staunen Sie, wie viele absurde Ämter es in Ihrer Stadt gibt! Bislang verwalteten sie ganz im Verborgenen. Besuchen Sie mal das Bundesamt für Seeschifffahrt und Hydrographie, wundern Sie sich, was ein Amt für regionalisierte Ordnungsangelegenheiten so macht, und schauen Sie dem Amt für Statistik bei seiner aufregenden Arbeit zu.

Das Bürgeramt wartet mit einer besonderen Aktion auf: ein neuer Personalausweis in nur zehn Minuten. Allerdings ist dort mit viel Andrang zu rechnen, seien Sie am besten früh da (Zelt und Trinkwasser nicht vergessen!).

Das Landesamt für Verfassungsschutz bietet tolle Mitmachaktionen an: Suchen Sie V-Männer unter Neonazis! Fast jeder Schuss ein Treffer! Beim Finanzamt kann man sogar was gewinnen: Jeder, der in dieser Nacht einen Steuerhinterzieher anzeigt, bekommt einen Luftballon mit Finanzamt-Logo!

Richtig spannend wird es in LaGeSo und Ausländerbehörde. Machen Sie Geduldsspiele! Wie lange hält es ein Flüchtling in einer Warteschlange aus? Alle 20 Minuten lockt das besondere Event: eine Live-Abschiebung mit Schlagstockeinsatz und Gurtfixierung!

Reiten Sie mit dem Amtsschimmel alle Amtswege ab und lassen sich überall einen Stempel geben. Wer am Ende nicht alle Stempel hat, zahlt ein sofort vollstreckbares Ordnungsgeld in Höhe von 980 Euro und 2 Cent.

2. DIE LANGE NACHT DER OBDACHLOSEN

Wir kennen sie nur als Straßenzeitungsverkäufer, undefinierte Schlafsackbündel in Unterführungen oder olfaktorische Belastungen in der U-Bahn. Doch wie leben Obdachlose wirklich? Tauchen Sie eine Nacht lang ein in den faszinierenden, urbanen Lifestyle der Clochards. Steuern Sie im vollklimatisierten Shuttlebus die Hotspots der Obdachlosigkeit an: die heißesten Unterkünfte, die angesagtesten Brücken, die billigsten Fuselläden. Erleben Sie den Stinker der U8 mal aus der Nähe und trainieren Ihre Geschicklichkeit: Wie weit kriegen Sie Ihre Arme in einen randvollen Papierkorb gesteckt, um noch eine leere Pfandflasche von dessen Grund zu fischen? Und gewinnen Sie im Neuköllner Nordkiez eine Mate-Zaranoff beim lustigen Ratespiel: Zauselbart und Schlabberlook – Hipster oder Penner?

3. DIE LANGE NACHT DER KIRCHEN UND GOTTESHÄUSER

Mit Gebäudeführungen, Schnellgottesdiensten und Instantbeichten schließen sich die Religionsgemeinschaften dem Trend zur Langen Nacht an. Bis in den frühen Morgen wird im Halbstundentakt durchgevespert und -gemettet. In den Friedhofskapellen wird akkordverklappt. Improvisieren Sie mal eine Traueransprache beim Grabredenslam »Bis einer weint!«.

Die Neuapostolische Kirche bietet stündlich einen Vortrag an: »Wieso unsere Kirchen so hässlich sind, und warum uns das nicht stört.«

Die katholische Kirche hingegen setzt auf Weihrauchschwenken und erlaubt männlichen Freiwilligen, mal in Pfarramt und Soutane reinzuschlüpfen. Unser Tipp: Machen Sie das erst weit nach Mitternacht: Je müder die Ministranten, desto williger werden sie.

Trainieren Sie bei den Zeugen Jehovas stundenlanges Stillstehen als lebender Wachturm, oder reden Sie beim Klinkenwettputzen tagelang über Gott, ohne dass Ihnen jemand zuhört.

Im hinduistischen Tempel läuft als familiengerechte Einführung ins Thema Wiedergeburt alle zwei Stunden der Film *Und täglich grüßt das Murmeltier*.

Von islamischer Seite beteiligen sich in diesem Jahr nur die salafistischen Gemeinden. Hier feiert man die Lange Nacht der Gotteshäuser mit Koranschleudern in Menschenmengen, jede 72. Jungfrau bekommt einen Ehemann gratis!

Abgesagt wurde die schwarze Messe der Satanistischen Loge Hellersdorf mit der Begründung, ihrem Gaststar, der nordnorwegischen Black-Metal-Band *Hell's Kitten* sei ihre schwarze Katze überfahren worden.

Einzig die buddhistische Gemeinde verbringt die Lange Nacht der Religionen völlig entspannt und bietet Nichts zum Mitmachen an.

4. DIE LANGE NACHT DER KANÄLE UND KLÄRANLAGEN

Wasser! Wasser ist Leben, Wasser macht Spaß! Wir *lieben* Wasser! Erleben Sie Wasser mal von der anderen Seite. Die familiengerecht aufbereitete Lange Nacht des Abwassers steht in diesem Jahr unter dem Leitspruch: »Staunen, was Mitbürger so *machen*.«

Kommen Sie mit auf die spannende, drei Kilometer lange Kanalwanderung »Guck mal, was da schwimmt«. Zur Belohnung winkt ein Grillfest unter Tage in der Abwasserzisterne Leopoldplatz unter dem Motto »Von Wurst zu Wurst«. Speziell für Kinder und Jugendliche bieten die Mitarbeiter der Abwasserbetriebe den thematischen Workshop an: »Was passiert mit meinem Goldfisch, wenn ich ihn durchs Klo runtergespült habe?« Kinder, die als Mikrobe verkleidet kommen, haben freien Eintritt.

Ihren Abschluss findet die Lange Nacht des Abwassers mit einer Poolparty im Klärwerk Ruhleben. Erwartet wird DJ Jimi Blue »Brando« Ochsenknecht, der Scheißmusik auflegt.

Da nun praktisch an jedem Wochenende sämtliche Stadtbewohner auf irgendwelchen Langen Nächten unterwegs sind, gerät die Berliner Clublandschaft unter Druck und reagiert:

5. DER LANGE TAG DER NACHT- UND TECHNOCLUBS

Wie klingt Elektro eigentlich bei Licht? Wie sieht ein Technotempel bei Putzbeleuchtung aus? Seien Sie live dabei, wenn nach der letzten Afterhour endlich das Licht angeht. Schauen Sie in die Gesichter lebender Ecstasyleichen, und machen Sie mit beim Wiederbelebungscontest.

Wie sieht es im Darkroom des *Berghain* im Hellen aus, und ist der vollgekotzte Typ ohne Hose da in der Ecke etwa Ihr Sachbearbeiter aus dem Bürgeramt? Zum Abschluss legt Jimi Blue »Brando« Ochsenknecht auf und riecht noch etwas streng.

Inzwischen hat Berlin mehr Lange Nächte, als es Wochenenden im Jahr gibt, weshalb sich immer mehr Veranstalter zusammenschließen. Dafür stehen die Lange Nacht der Bordelle und Krankenkassenvorstände, die Lange Nacht der Arbeitslosen und Lesebühnen sowie das Gipfeltreffen der Langen Nächte: die Lange Nacht der Langen Nächte. Einzig das Bundeskanzleramt hat sich bislang dem Trend verweigert, aber dort ist ja ständig lange Nacht.

DER DÖNER IM WANDEL DER ZEITEN

Frank Sorge

DÖNER UM 12 UHR

Der Döner zum Mittag ist ein Genuss, den man im Berufsleben zu schätzen lernt. Als Student hat man um diese Zeit alternativ die Mensa oder schläft zwei Stunden weiter. Als Schüler ist man noch in der Schule, als Arbeitsloser hat man nicht genug Hunger nach zehn Bier am Abend davor. Man unterschätze nicht den Einfluss eines ausgeschlafenen Dönerverkäufers auf die Zubereitung. Das Mittagsgeschäft ist wichtig, sodass besondere Sorgfalt auf alles gelegt wird. Diese franst im Laufe des Tages aber gemeinsam mit der Konzentration der Dönerverkäufer aus. Niemals wird man in der Nacht einen Döner mit gleicher Qualität bekommen, auch im selben Imbiss wird er sich deutlich unterscheiden.

Während meiner Zivildienstzeit bot der Imbiss direkt an der Kirche in Lankwitz einen unglaublich ausgefeilten Mittagsdöner. Als Highlight wurde das Brot selbst gebacken, pünktlich um die Mittagszeit herum dampften die kleinen Fladen und wurden mit auf den Punkt gegrillten Fleischschnipseln und frischer Petersilie bei großem Andrang und Jubel der berufstätigen Masse dort gefüllt. Ein einziges Mal war ich nach Feierabend dort, das schöne Brot war schon aus, das andere pappig, das Fleisch trocken. Ich konnte kaum glauben, im selben Imbiss zu stehen.

DÖNER UM 18 UHR

Der Döner am Abend ist kein Fehler, er ist oft nah dran an der Mittagsqualität. Menschen kommen jetzt, die ihr Abendessen nicht selbst zubereiten wollen. Es soll da ein oder zwei geben, womöglich sind es zwei oder drei mehr geworden in den letzten Jahren. Auch Studenten, die die Mensazeiten verschlafen haben, greifen jetzt zu, Bauarbeiter haben nach Feierabend noch mal so richtig Knast. Es ist eine Zeit, in der wirklich alle mal wach sind, der eigentliche High Noon einer Stadt, die im Grunde sehr verschlafen ist.

Doch der Hungrigen sind viele, manchmal zu viele. Die Kräfte der Dönerverkäufer sind schon vom Mittag beansprucht, die Konzentration lässt nach. Man denkt zu spät daran, den Grill richtig auf die kommende Meute einzustellen, man kleckert mit der Soße. Es ist die Zeit des Familiendöners, die jeder Dönermann fürchtet.

ZWISCHENSPIEL: DER FAMILIENDÖNER (EINE TRAGÖDIE IN 5 AKTEN)

1. Exposition

Dönermann 1: Ja?

Berliner: Nabend, eenen Döner mit Kräutersoße und ohne Zwiebeln, eener mit Scharf-Knoblauch und Käse, und noch zwee ohne Soße bitte, aber janz normal ohne Zwiebeln. Für die Kiddies, weeßte.

Frau: Ich hätte auch gerne vier Döner, und noch einen Hirtensalat.

Dönermann 1: Und Sie?

Mann: Drei Döner, zwei Big und zwei Dürüm Standard.

Dönermann 2: Brauchst du Hilfe, Murat?

Dönermann 1: Nein, Mann, alles unter Kontrolle.

2. Steigende Handlung mit erregendem Element
Eine Gruppe Blaumänner mit ersten Bierfähnchen betritt den Imbiss.

Bauarbeiter:	Ey, Meister, ick sitz da mit den Kollegen, machste uns ma fünf Döner klar?
Dönermann 1:	Kleinen Moment, ja, erst Sie und dann Sie.
Frau:	Ich warte aber hier schon ganz schön lange.
Dönermann 1:	Serkan, hilf mal bitte mit dem Herrn, ja? Okay, was wollen Sie?
Frau:	Vier Döner, habe ich doch schon gesagt.
Dönermann 1:	Welche Soße?
Frau:	Welche Soße?
Dönermann 1:	Na, Ihre vier Döner, welche Soße?
Frau:	Ach so, lassen Sie mich kurz überlegen, Daniel mag immer keinen Rotkohl ... Und Kevin mag keinen Mais, ist da Mais dabei?
Dönermann 1:	Erst mal Soße, ja?
Frau:	Welche haben Sie?
Dönermann 1:	Knoblauch, Kräuter, scharf.
Frau:	Auf keinen Fall scharf.
Mann:	Hallo-oh, zwei Döner bitte!
Dönermann:	Ja, kleinen Moment, also welche dann?
Frau:	Was bitte? Hier ist es so laut.

3. Höhepunkt und Peripetie

Frau:	Ja, der andere mit alles. Ah, nein, ist das Mais? Ist da Mais?
Dönermann 1:	Ja, aber nur ganz wenig. Is' nur Deko eigentlich.
Frau:	Nein, das geht nicht, das geht überhaupt nicht.
Dönermann 1:	Okay, ich mach raus, ja?
Frau:	Nein, ich möchte bitte einen neuen, da war ja jetzt Mais dran.

Dönermann 2: Vier Döner, okay? Zwei mit, zwei ohne Soße.
Berliner: Ach, danke, allet klar, aber haste da ooch so Kreuzchen druff? Damit war in dit Richtige beißen?
Dönermann 2: Hab ich vergessen, müssen Sie reingucken.
Berliner: Ach, könn' wa dit lieber gleich machen, wenn meene Olle wat mit scharfe Soße vor die Nase hat, kriegt die'n Anfall.

-

Dönermann 1: So, du wolltest zwei Döner?
Mann: Ja, zwei, endlich. Einer mit Scharf-Knoblauch und alles.
Dönermann 1: Okay, einmal Knoblauch-Scharf, und der zweite?
Mann: Kleinen Moment, sie geht nicht ran.
Dönermann 1: Sie geht nicht ran?
Mann: Ja, meine Freundin, ich hab vergessen, welche Soße sie wollte. Ganz kleinen Moment, ja, ich probier's noch mal.

-

Bauarbeiter: Wenn der übrig ist, nehmen wir den, Kollege!

4. Fallende Handlung mit retardierendem Moment
Kurzes Intermezzo auf Türkisch, sinngemäß:
Dönermann 1: Ey, die Leute ham doch voll einen an der Klatsche, Alter.
Dönermann 2: Die sind halt hungrig, Mann. Können alle nicht kochen.
Dönermann 1: Ja, aber so ungeduldig, Alter, ich bin hier doch kein Sklave.
Dönermann 2: Glaubst du? Sind wir Dönersklaven, Alter, aber reg dich ab, ist doch jeden Tag gleich.

Dönermann 1: Ja, aber, Alter, wie soll ich mich nich' aufregen? – Guck mal, der ruft seine Freundin an wegen Soße.
Dönermann2: Wer?
Dönermann 1: Na, der Typ da, mit dem Headset.

5. Katastrophe

Mann: Hallo, ich bin's. Ja, ich bin beim Döner. Ist ganz schon voll, ja, ja, warum bist du denn grad nicht rangegangen? Ach so, na, ist egal, ich halte hier, glaube ich, ein bisschen den Verkehr auf. Ja, nein, nicht den Verkehr draußen, den Verkehr drinnen. Ja, lustig. Äh, warum ich anrufe. Na, du hattest doch gesagt, du willst Kräuter, oder? Oder doch Knoblauch? Knoblauch? Ach, beide? Okay, und sonst so? Ach, wirklich, hast du sie gerade erreicht? Ja, erzähl mir lieber später, die gucken schon so, ich meinte ja auch, und sonst Zwiebeln oder so? Oder womit nicht? Ja, ob da was? Na, muss ich mal gucken. Ja, da ist so ein bisschen Mais, sieht aber nur aus wie Deko.
Dönermann 1: Kollege?
Mann: Ja?
Dönermann 1: Siehst du das Dönermesser an deinem Hals? Das schärfen wir alle halbe Stunde, Mann.
Mann: Ja, okay, gleich fertig. Keine Tomate auch, ja. Puh, hoffentlich kann ich mir das merken. Ich bin dann gleich da, ja?
Dönermann 1: Mal sehen!
Mann: Mal sehen. Ja, vielleicht gleich. Jaja, ich bin schon dran. Ich vergesse es nicht, ja. Sonst rufe ich gleich noch mal an.

Verlassen wir an dieser Stelle das Schauspiel, das jeden Tag tausendfach um 18 Uhr in der Stadt gegeben wird.

DÖNER UM 20 UHR

Der Döner kurz vor der *Tagesschau* ist eine gute Idee. Man meidet die großen Ströme, man erwischt im Sommer sogar noch Sonnenlicht dabei. Man muss allerdings darauf vorbereitet sein, alle die schnippischen Antworten abzubekommen, die den Verkäufern am Mittag und Abend nicht eingefallen sind. Oder zum Spielball von blöden Scherzen zu werden oder minutenlang ignoriert zu werden. Das ist nicht böse gemeint, das muss so.

»Döner, ja?«
»Ja, Döner.«
»Döner?«
»Äh, ja, Döner.«
»Nicht mal was anderes?«
»Manchmal auch was anderes, ja.«
»Aber heute Döner?«
»Aber heute Döner.«
»Na gut. Murat, einmal Falafel für den Herrn.«
»Döner.«
»Is' nur Spaß, Mann. Kriegst ja Döner.«
»Danke.«

DÖNER UM 23 UHR

Man muss ehrlich sein, wenn man um 23 Uhr seinen Döner isst: Er ist eine Notlösung. Man hat es einfach nicht gepackt an diesem Tag, wie sehr man es vielleicht auch versucht hat. Womöglich war man sogar einkaufen, um etwas zu kochen. Irgendwas, das man jetzt noch eine halbe Stunde schälen, kochen und würzen müsste. Mindestens. Eigentlich wollte man das schon viel früher gemacht haben, aber die Kräfte haben nicht gereicht. Irgendetwas kam dazwischen, die eigene Trägheit, ein Film, ein Computerspiel, Sex, Bier, dicke Tüten, Tierdokumentationen, was auch immer. Diese verdammte Zeit raste sowieso zu schnell, zack, war es dunkel, zack, war es spät, zack, ist es zu spät. Aber im Döner brennt noch Licht.

Womöglich hat man noch mehr verpasst an diesem Tag. Zum Beispiel zu bemerken, wie lange der Imbiss heute schon aufhat. Was er alles hinter sich hat. Der Laden mag noch so schön in der dunklen Straße leuchten, für diesen Tag ist er abgerockt. Die Auslagenfenster sind fettig, die Schalen sind bekleckert. Die Verkäufer sind müde, die Messer sind stumpf. Das Brot ist angetrocknet, das Grilleisen siffig, die Grillschale über und über besprüht, die Schürzen haben die Muster eines ganzen Tages Live-Action-Painting aufgetragen.

Meist sehen einen die Dönerverkäufer schon lange, bevor man den Laden betritt, mit dem leeren, erschöpften Blick, den sie nach draußen werfen. Viele erkennen ihre Kunden am Gang. Man denkt dann vielleicht, dass sie denken: Ach, wieder so ein Depp, der es heute nicht gepackt hat. Oder: Noch so ein Trunkenbold, den es nach Fett und Fleisch dürstet. Oder: Die arme Sau. Und wenn es wirklich so sein sollte, dass sie das denken, hätten sie natürlich recht.

DÖNER UM 2 UHR

Man hat sehr großes Glück, es gibt ihn überhaupt noch. Dünn um die Grillstange wickeln sich die letzten Fetzen des Tages, und in den Salatschüsseln schwimmt auch noch was. Wenn das Schicksal es wirklich gut meint, begrüßt dich um diese Zeit ein Verkäufer, der sich in den letzten Stunden gut erholt hat. Der mit netten Kunden geflirtet und mit Bekannten gescherzt hat, dessen Lieblingsmannschaft im Spiel gewonnen hat, das vorhin im Fernsehen flimmerte. Oder der sich schon ausgiebig freuen konnte, wie die Kasse den Tag über geklimpert hat, auch wenn es wieder sehr anstrengend war. Der in einem solchen Moment besonders aufmerksam Zutaten verteilt und vielleicht sogar etwas improvisiert.

»Guck mal, da ist noch schöne Bohnensalat übrig. Soll ich ma da noch Löffel dazutun, schmeckt gut.«

Der Legende nach betrat mal ein verliebtes Pärchen um diese späte Zeit einen Döner in Neukölln und berührte den Dönermann so sehr mit dem verzweifelten Ruf nach Proteinen und mit ihren verknoteten Zuckerblicken, dass er ihnen aus einer Laune heraus einen Tisch deckte, Besteck reichte, Bier aus Weingläsern brachte und ihnen einen Candlelight-Döner servierte, den sie nie mehr in ihrem Leben würden vergessen können.

Oft aber, wenn man sich doch noch spät losgemacht hat, ist der Dönerspieß schon erledigt. Finis. Aus und vorbei.

»Morgen wieder.«

Sagen sie, und du gibst dir Mühe, gleichgültig zu wirken.

DÖNER UM 7 UHR

Döner ist kein Frühstück. Du weißt das, sie wissen das, alle wissen das. Aber irgendwann muss ein Imbiss halt aufmachen, um für den Mittag gerüstet zu sein. Sei gut informiert, wo du dir die Nase an der Scheibe plattdrückst, denn ein betriebsbereiter Döner um 7 ist sehr selten. Auch wenn es doch erst 9 Uhr werden muss, wenn sie dich einlassen, iss nicht zu gierig, denn jetzt bekommst du eine spezielle *First Flush Döner Experience*. Frischer geht es nicht, aber größere Ansprüche solltest du auch nicht stellen. Sieh genau zu, wie sich die Dönermänner gegenseitig die Schürze binden, wie sie ausgeschlafen scherzen, sich mit Klatschreimen in Stimmung bringen und die Messer wetzen. Genieße den Döner, und betrachte den Spieß, wie er sich gemeinsam mit der Erde dreht. Immer gleich und doch im Wandel.

KAPITEL 2

Berliner Kämpfe

IM SOG DER BÜROKRATIE

Robert Rescue

»Mein Schatz, mein Schatz. Das ist mein Schatz, mein Eigen, und er gehört alleine mir.«

Für manche Zeitgenossen mag es übertrieben wirken, gleichsam wie Gollum auf Händen und Füßen durch die Wohnung zu gleiten und seiner Freude derartig Ausdruck zu verleihen. Aber ich habe Grund dazu, denn das Papier in der einen Hand verspricht durchaus etwas Ähnliches wie die Macht von Saurons Ring, nämlich einen Termin beim Bürgeramt.

Es herrschen schlimme Zeiten in Berlin. Bürger, die aktuell keinen Grund haben, ein Bürgeramt aufzusuchen, machen sich lustig über andere, die dringend einen Termin brauchen, aber sie ahnen, dass sie irgendwann in die gleiche Situation geraten werden, also verdammt sind. Andere beneiden einen um den Termin, und aus Neid kann leicht Habgier werden und aus Habgier Totschlag. Um einen Termin zu bekommen, braucht es viel Geduld und Schnelligkeit, in Berlin wird einem nichts geschenkt. Das wochenlange Beobachten des Onlinekalenders der Bürgerämter wird bald zur alles bestimmenden Beschäftigung im Leben, und wenn ein freier Termin plötzlich aufblitzt, muss man schnell sein, schneller als eine Million andere Berliner. Danach fürs Erste Erleichterung, gar Tränen, und dann dieses wohlige Gefühl, dass Gott, das Schicksal und die Berliner Bürokratie einen für würdig befunden haben.

Auch wichtig ist Weltoffenheit. Natürlich kann es passieren, dass man einen Termin beim Bürgeramt in dem Bezirk bekommt, in dem man wohnt, aber ich habe davon nicht gehört. Ich muss nach Biesdorf, also Hellersdorf-Marzahn – ein Ort, den ich nur vom Hörensagen kenne. Eine Dreiviertelstunde hin und eine Dreiviertelstunde zurück für einen neuen Personalausweis. Das ist Berlin im Jahre 2017, im Chaos einer funktionsuntüchtigen Großstadtverwaltung, kurz vor dem Status einer »failed city«.

Daran muss ich denken, als ich an der Osloer Straße aus der Tram steige, um auf die U-Bahn in Richtung Alexanderplatz zu wechseln. An der Osloer Straße befindet sich das Bürgeramt Wedding, *mein* Bürgeramt. Drei Straßenbahnstationen von mir entfernt. Ach, was waren das für Zeiten damals, als man einfach so zu seinem Bürgeramt fahren, eine Marke ziehen und dann nach nur wenigen Stunden Wartezeit einfach so an einen Schalter gehen und sein Anliegen vortragen konnte. Vorbei.

Am Alex steige ich in die U 5 in Richtung Osten. Erst kommt Friedrichshain, dann Lichtenberg, dann irgendwas dahinter, dann noch was dahinter, und schließlich steige ich an einem Elsterwerdaer Platz aus. – Eine andere Welt. Es ist nicht so eng wie im Wedding, es gibt nur ein weitgestrecktes Einkaufscenter und zwei Straßen.

Die Luft scheint viel frischer zu sein, und das Grün der Landschaft blendet meine Augen. Es ist auch viel kälter als im Wedding. Ist das etwa das echte Berliner Klima? Ein eisiger Wind umtost mich, und aus der Ferne glaube ich das Heulen von Wölfen zu hören.

Schließlich erreiche ich das Bürgeramt. Ich betrete den Warteraum und werde misstrauisch. Niemand sitzt auf den Wartebänken, stattdessen gibt es eine Schlange vor dem Infoschalter. Ob ich mich hinsetzen und warten soll? Nein, irgendetwas stimmt nicht. Als ich schließlich vor der Frau am Schalter stehe, sage ich: »Ich komme aus dem Wedding und habe gleich einen Termin wegen eines neuen Personalausweises.«

»Nee, den haben Sie nicht«, sagt sie. »Das Computersystem ist ausgefallen. Deshalb bearbeiten wir heute keine Termine. Ich gebe allen Kunden von heute einen Termin in zwei Wochen.«

Hätte sie mir gesagt, ich solle mir im Internet einen neuen Termin suchen, dann wäre ich wohl straffällig geworden. So straffällig, dass ich allen Berliner Zeitungen eine Schlagzeile auf der Titelseite wert gewesen wäre.

Zwei Wochen später stehe ich wieder vor dem Bürgeramt in Biesdorf und wundere mich: Es waren doch über Monate alle Termine vergeben? Was machen die bloß mit den Leuten, die eigentlich heute einen Termin hätten? Wird denen gesagt, dass heute die Kunden an der Reihe sind, die vor zwei Wochen nicht drangekommen sind? Bekommen die von heute dann einen Termin in zwei Wochen, und wird denen, die in zwei Wochen ihren Termin haben, ein Termin weitere zwei Wochen später gegeben?

Ich betrete den Warteraum. Der Infoschalter ist nicht besetzt, und auf den Stühlen sitzen Leute. Alles scheint gut zu sein. Ich setze mich und starre auf den Bildschirm. Ich lese keine Zeitung, schaue nicht auf das Handy. Jede Ablenkung könnte dazu führen, dass ich meinen Aufruf verpasse. Auf dem Bildschirm sehe ich zwei achtstellige Wartenummern und eine dreistellige. Eine dreistellige – was hat das zu bedeuten? Ist das womöglich jemand, der schon seit Jahren immer wieder wegen einer Computerpanne einen neuen Termin bekommt und nicht aufgibt?

Dann leuchtet meine Nummer auf. Ich springe wie von einer Tarantel gestochen auf und flitze zu der Tür mit den Sachbearbeitern.

Frau Schröder nimmt eines der Passbilder und scannt es ein. Dann reicht sie mir das Bild wieder zurück. Was soll ich jetzt damit? Früher wurden die Passfotos an ein Formular angeheftet und zur Bundesdruckerei geschickt, und man war froh, eines von den Dingern los zu sein. Warum arbeiten Fotografen heute mit Digitalkamera und Photoshop und geben ihren Kunden wie anno dazumal das Heftchen mit vier Bildern mit? Können die nicht auf einen USB-Stick umsteigen?

»Ihr Ausweis ist noch bis August gültig, das wissen Sie?«, fragt mich Frau Schröder. »Ja, das ist mir bekannt«, antworte ich. »Aber ich wollte rechtzeitig, also, wegen den Bürgerämtern, also wegen den Zeiten, also dem Cha...«

»Schweigen Sie!«, unterbricht sie mich. »Sie dürfen das nicht laut sagen, sonst stürzen die Computer ab. Sie wissen, was das bedeutet.«

Ich nicke.

»Es kann zu Problemen bei der Bereitstellung des neuen Ausweises kommen«, sagt Frau Schröder dann. Ich bekomme Angst.

»Es kann sein, dass Sie nicht postalisch darüber informiert werden, dass er hier für Sie bereitliegt. In diesem Fall melden Sie sich bei uns.«

Was meint sie damit? Soll ich anrufen oder eine E-Mail schicken? Nützt das irgendwas? Oder wieder hierherkommen, eine Wartemarke ziehen, eine Stunde warten, um dann zu erfahren, dass er noch nicht da ist? Ich schließe die Augen und bete. Ich bin so weit gekommen, viele andere haben längst aufgegeben, lass mich, lieber Gott, auch die letzte Hürde nehmen.

»Wenn Sie eine Benachrichtigung erhalten, so finden Sie dort den Vermerk, dass der Ausweis ›in Kürze‹ für Sie bereitliegt. Das ›in Kürze‹ bedeutet, dass Sie dann noch mindestens zwei Wochen warten, bevor Sie hierherkommen.«

Kurz habe ich den Gedanken zu fragen, ob sie den nicht ans Bürgeramt Wedding weiterleiten können, was für mich als Kunde und Bürger eine große Erleichterung wäre. Aber vermutlich würde das die Abläufe durcheinanderbringen, dann brennen die Computer aller Bürgerämter durch, es folgen Chaos, bewaffnete Aufstände, Krieg. Okay, ich muss also noch ein weiteres Mal in den Osten fahren. Vermutlich bekomme ich dann mit meinem Personalausweis auch gleich die Ehrenbürgerwürde von Biesdorf verliehen.

Ich verlasse das Bürgeramt und überlege, wann ich das nächste Mal einen Termin brauche. Der Personalausweis ist zehn Jahre gültig. Einen Umzug und damit eine Ummeldung lasse ich besser sein. Ebenso Berlin-Pass, Führungszeugnis und Fahrerlaubnis. Zu riskant.

Zehn Jahre also.

Bis dahin werde ich mich hoffentlich von diesen Strapazen halbwegs erholt haben.

ABSCHOTTUNG

Volker Surmann

A Guten Morgen, was ist hier los? Straße gesperrt?
B Wo wollen Sie denn hin?
A Zur Arbeit.
B Dann bitte mal Ihre Papiere.
A Wie bitte?
B Ihre Papiere. Haben Sie ein Visum für den Prenzlauer Berg?
A Ein Visum?
B Touristenvisum, Arbeitsvisum, dauerhafte Aufenthaltsgenehmigung, Passierschein?
A Für den Prenzlauer Berg?! *Wieso?*
B Haben Sie denn von den Protesten nichts mitbekommen?
A Diese ganzen Irren, die da wochenlang auf dem Helmholtzplatz demonstriert haben?
B Passen Sie auf, was Sie sagen! Denn wie es aussieht, haben diese »Irren« gesiegt.
A Der Prenzlauer Berg hat sich von Berlin abgespalten?
B Nein. Wir haben uns für unabhängig erklärt, gemeinsam mit dem alten Bezirk Mitte, Charlottenburg, dem Flughafen Tegel und der Exklave Wannsee. Zusammen sind wir Union Berlin. ... Äh, nein, die Berliner Union.
A Die CDU?
B 'schuldigung, der Name ist noch ungewohnt. Jetzt hab ich's: die Union neutraler, freier, unabhängiger Gebiete Berlins, kurz: UNFUG Berlin.

A Was für'n Schwachsinn!

B Nein, nicht Schwachsinn: UNFUG. Liechtenstein und die Cayman Islands haben uns bereits als eigenständigen Staat anerkannt. Und Baden-Württemberg.

A Ich würde jetzt trotzdem gerne zur Arbeit.

B Tut mir leid, ohne Visum haben Sie keine Chance! Die UNFUG Berlin hat die Zuwanderung von Außerbezirklichen eingeschränkt.

A Wie bitte? Seit wann?

B Das tritt nach meiner Kenntnis ... ist das sofort, unverzüglich. – Aus welchem Bezirk kommen Sie denn?

A Wedding.

B Tja, da muss ich leider davon ausgehen, dass Sie nur aus wirtschaftlichen Gründen in den Prenzlauer Berg fliehen wollen.

A Was heißt hier »fliehen«?! Ich arbeite dort!

B *Haben* dort gearbeitet. Als was?

A Als Mediendesigner.

B Sehen Sie: In Berlin-Mitte und Prenzlauer Berg gibt es genug eigene UNFUG-Designer. Da brauchen wir keine zugewanderten aus Niedriglohnbezirken.

A Aber das treibt dann doch *mich* in die Armut!

B Tut mir leid, das Problem der Armut in anderen Bezirken muss *dort* gelöst werden. Migration in reiche Bezirke ist kein probates Mittel zur Überwindung wirtschaftlicher Ungleichheiten.

A Ja, aber da sitzt doch das Geld!

B Und das sitzt da auch ganz bequem und will da bleiben. Vorsicht, Sie übertreten gerade die Sektorengrenze.

A Wie bitte?

B Sehen sie: Hier ist das wirtschaftlich starke Berlin. Und hinter Ihnen liegt der Niedriglohnsektor. Deshalb errichten wir hier gerade einen Anti-Kapitalabfluss-Schutzwall.

A Aber wir sind doch *eine* Stadt! *Ein* Berlin!
B Natürlich. Wir unterstützen die Elendsbezirke ja auch, wo wir können.
A Ach!
B Was meinen Sie, woher die Semmeln in Ihrem »Gutes-von-gestern«-Laden stammen?
A Wie großzügig!
B Sie müssen uns verstehen: Wir können es einfach nicht verantworten, dass Tausende Elendsflüchtlinge aus Moabit, Wedding oder Gropiusstadt unserer Bevölkerung die Weckle unter dem Lachs wegfressen! Da droht doch eine Überprekarisierung! Schon jetzt wächst jedes dritte Kind im Prenzlauer Berg bei Eltern ohne Doktortitel auf!
A Aber der Bezirk besteht doch auch großteils aus Zugezogenen!
B Zuzug ist auch notwendig und richtig, vor allem wenn es gut ausgebildete Fachkräfte sind. Im Prenzlauer Berg suchen wir zum Beispiel händeringend qualifizierte Brezelbäcker. Können Sie vielleicht Brezeln backen?
A Nein.
B Wir könnten Sie umschulen.
A Hören Sie, ich will jetzt rein in Ihren Unfugsstaat!
B Nicht ohne Visum. Oder besitzen Sie eine Greencard?
A Eine Arbeitserlaubnis?
B Nein, einen Mitgliedsausweis der Grünen, der öffnet im Prenzlberg auch jede Tür. Oder Sie beantragen Asyl.
A Asyl?
B Ja! Die UNFUG-Gesellschaft versteht sich als humanistische Wertegemeinschaft! Natürlich können Sie um Asyl bitten, falls Sie aufgrund Ihrer Lebensweise im Wedding verfolgt werden.
A Aber wieso sollte ich im Wedding verfolgt werden?!

B   Erst gestern haben wir einem katholischen Veganer mit badischem Migrationshintergrund Bleiberecht gewährt.

A   Sagen Sie: Wie wollen Sie eigentlich verhindern, dass ich jetzt gehe und einfach 200 Meter weiter durch den Mauerpark einspaziere?

B   Erstens steht da mein Kollege und zweitens ein Zaun. Sollten Sie es dennoch schaffen durchzukommen – also lebendig –, werden wir Sie aufspüren und umgehend in Ihren Herkunftsbezirk abschieben. Und da wären Sie nicht der Erste!

A   Und das in der Heimat von Wolfgang Thierse!

B   Der war *allerdings* der Erste. Wir haben ihn abgeschoben nach Friedrichsfelde.

A   Nach Friedrichsfelde?

B   In den Tierpark. Die Moschusochsen haben ihn schon als einen der ihren akzeptiert. Und kommen Sie gar nicht erst auf die Idee, über Drittbezirke einreisen zu wollen!

A   Wieso nicht?

B   Weil dort dann Endstation ist. Oder wollen Sie mit 300 weiteren mittellosen Designern in einem Friedrichshainer Auffanglager landen?

A   Das wird ja immer bizarrer! Und wie machen Sie das in Wannsee?

B   Das ist in der Tat ein Problem. Immer mehr Elendsflüchtlinge aus Spandau versuchen, über den Seeweg in die UNFUG-Exklave Wannsee vorzudringen. Noch konnten wir die illegalen Grenzübertritte aber mit einer Bürgerwehrflotte aus Segelbooten und Privatyachten in Schach halten.

A   Noch?

B   Genau. Die UNFUG-Grenz-und-Spandau-Abwehragentur *SPANDEX* rüstet gerade die ersten Stern-und-Kreis-Schiffe in kriegstaugliche Aufklärungsboote um. Und im

Strandbad Wannsee haben wir ein Lager für Bootsflüchtlinge aus Kladow eingerichtet, von wo aus sie zurückschwimmen müssen.

A   Zurück*schwimmen?*

B   Anders als Somalier und Eritreer im Mittelmeer können Kladower ja schwimmen, das senkt die Abschiebekosten ungemein. Und wir sind ja keine Unmenschen. Die Flüchtlinge dürfen im Strandbad ausharren, bis das Wasser 10 Grad plus hat.

A   Das ist ja widerlich! Und hier an der Bernauer Straße, was geschieht da?

B   Nun, wir errichten hier gerade einen neuen Übergang zur Einreise in die UNFUG Berlin. Ein Grenzturm steht hier ja praktischerweise noch …

A   Ach! Und dann ziehen Sie einen Zaun, rollen Stacheldraht aus …

B   Ich bitte Sie! Niemand hat die Absicht, eine Mauer zu errichten.

EINLADUNG VON SCHMIDTSKI

Frank Sorge

Endlich wieder ein Brief vom Jobcenter, er duftet nach Lavendel. Es widerstrebt mir, beim Öffnen das erlesene, handgeschöpfte Papier aufzureißen. Nehme den Brieföffner aus Elfenbein und ziehe mir Handschuhe aus Seide über, um keine Fettflecken auf den Dokumenten zu hinterlassen. Eine Einladung, lese ich mit leuchtenden Augen, von Lord Schmidtski, meinem Herzog der Arbeit, zu vertraulichem Gespräche am Rande der üblichen Sommerfestivitäten, »... erlauben unterwürfigst, uns Ihrer Anwesenheit zu versichern.«

Eine Woche noch fern der Termin, Gänsehaut in Erwartung, freue mich wie eine Prinzessin auf den ersten Hofball. Was soll ich anziehen? Eine schillernde Weste und ein fein gewebtes Leinenhemd, passenden Fedora – wie soll ich das alles nur rechtzeitig zusammenbekommen? In der Nacht davor unruhiger Schlaf. Erwarte ich zu viel, werde ich mich überhaupt würdig und elegant zeigen können, gehöre ich überhaupt in diese Gesellschaft? Immer wieder Herumwälzen, wilde Träume. Wache viel zu früh auf und fühle mich krank. Reaktiviere mich durch starken Kaffee und heftiges Schrubben in der Dusche, lege die neue Kleidung zurecht, entferne Fussel. Fast schon zu spät eile ich los, unedel auf dem Drahtesel, aber stelle ihn unweit des Jobcenters in den Schatten.

Vor den Toren spielen Gaukler, manche jonglieren, einer auf dem Einrad, ein anderer spuckt Feuer. Sicherheitskräfte im Smoking teilen erfrischende Cocktails aus. Von der Straße strömen Gäste hinein, schreiten an den Gauklern vorbei zum Empfang. Gegen die Sommerhitze sind große, bunte Tücher über die Straße gespannt. Der Zauber des Augenblicks paralysiert mich. Eine freundliche Dame des Hauses erspäht mich, wie ich verloren dort stehe, und geleitet mich hinein. »Der große Dichter – Lord Schmidtski sprach von Ihnen«, sagt sie knapp, lässt mich dann aber wortlos staunen. Drinnen wandeln Menschen aus allen Ländern in bunten Gewändern, dicht gedrängt im Empfangssaal, an dessen Querseiten spielen Kapellen, davor drehen sich Tanzpaare. In der Mitte ein steter Strom zur Haupttreppe hin, hoch zu den Galerien.

»Man erwartet Sie schon gespannt«, sagt sie, fasst mir beruhigend an die Schulter und führt mich hinauf. Die stehende Gesellschaft teilt sich, und Lord Schmidtski kommt in Sicht, winkt fröhlich vom Balkon der Galerie herüber. »Herr Sorge! Lange erwartet und doch genau zur rechten Zeit eingetroffen. Herüber, herüber mit dem Genius.« Umstehende erheben die Gläser, und es erklingt: »Vivat, vivat!«

»Welche Ehre, Fürst Arbeitsvermittler Schmidtski, meinen unwürdigsten Dank«, gehe auf ein Knie.

»Herauf, herauf mit ihm!«, lacht Schmidtski, von den Seiten strömen Leute heran, greifen mich beherzt unter den Armen und stellen mich auf die Beine. Forderungen werden laut, ich solle ein Gedicht rezitieren, aber der Lord nimmt mich beiseite zum Balkon und ruft der Meute zu: »Erst die Arbeit ...«

»Dann das Vergnügen«, antworten sie und brechen in Jubelrufe aus. Etwas abgeschirmt, am Geländer des Balkons, schaut mich Lord Schmidtski ernst an. »Lassen Sie sich nicht verunsichern, aber ich weiß, des Künstlers Seele ist nicht sanfter an sich, nur schnell überreizt wegen der größeren Antennen.«

Sein Tonfall überrascht mich. Neben all der Freundlichkeit scheint er noch mit den eigentlich wichtigen Worten zu ringen: »Sie wissen ja, wie sehr wir Ihre Dichtkunst und Ihre

Werke schätzen, die ja große Verbreitung und Beliebtheit erlangt haben, und wie gerne wir im Dienste dieser Gesellschaft, die Sie verehrt, unseren Reichtum mit Ihnen teilen.« Verbarg sich da noch ein »Aber«?

»Nur müssen wir eben dann und wann, in Ihrem Fall bis zum Jahresende, unsere Bestrebungen zur Förderung der Kunst und Literatur intensivieren.«

»Intensivieren?«

»Von mehr kommt mehr – glauben Sie mir, leicht fällt mir das nicht, aber das große Werk ist ja von Ihnen, bei all unserer Begeisterung, noch nicht zu den Klassikern gestellt. Bis dahin, nun ja, muss jede Option erwogen werden, wie man Ihrer Muse – wie soll ich das sagen? ...«

»Meiner Muse?«

»Schwester der Muße«, ergänzt er spontan, grinst, »wie man Ihrer Muse etwas Feuer unter dem Arsch machen kann, salopper gesagt. Hören Sie mir gut zu, bis zum Jahresende ist ein episches Feuerwerk zum Weihnachtsfest abgeschossen, und abgeschlossen, sonst ...«

»Sonst?« Ich glaube meinen Ohren nicht.

»Da reden wir später drüber. Verstehen Sie mich nicht falsch, ich will Ihnen da jetzt gar nichts ... Sie wollen das ja bestimmt nicht, und ich will das auch nicht. Aber viel Zeit bleibt nicht, schmieden Sie Ihre hübsche Feder recht bald zum funkelnden Schwert um und hacken ein bisschen richtiges Holz damit! Kapische?«

»Ja, verstanden.«

»Lord Schmidtski hat fertig, und jetzt eifrig ins Getümmel.«

Er taucht in die Menge und gerät außer Sicht. Schwer benommen taumle ich vom Balkon, ein paar hilfsbereite Seelen nehmen mich in die Mitte, tragen mich zu einer ruhigen Stelle und betten mich auf sanfte Kissen. Man bringt mir Wasser, Hanf und Wein, streichelt mich sanft zu Kräften. Ich sitze bald wieder aufrecht, jemand schwingt einen Fächer, und ich lausche einer Gitarrenspielerin. »Hat nicht Schmidtski recht?«, denke ich und formuliere schon erste Urlaute in mir für die kommende Hymne.

Der Tag gerät noch zum rauschenden Fest, und als ich am Tag danach wieder am Schreibtisch sitze, denke ich schon daran, wie wohl das nächste Mal sein wird. Der nächste Besuch beim Jobcenter ist doch immer der schönste.

GEBEN UND NEHMEN

Heiko Werning

»Herr Werning, es ist wirklich eine Freude, mit Ihnen zusammenzuarbeiten!« Ich traute meinen Ohren kaum. Hatte er das wirklich gerade gesagt? Eine Freude? Zusammenarbeiten? Ich stand an meiner Wohnungstür, und vor mir stand, wie praktisch jeden Tag, der DHL-Mann. Wie immer hatte er seinen kleinen Karren dabei, auf dem die Pakete für unser Haus und die beiden Nachbarhäuser lagen. Einem überdimensionierten gelb-roten Kanarienvogel gleich trällerte er sein immer gleiches Liedchen: »Wären Sie so nett, ein paar Pakete für die Nachbarn anzunehmen?« Wie immer hatte ich geantwortet: »Klar, kein Problem.« Und dann hat er, während ich den Empfang auf diesem absurden Glasbildschirm quittierte, tatsächlich gesagt: »Herr Werning, es ist wirklich eine Freude, mit Ihnen zusammenzuarbeiten!«

Ich schluckte vor Rührung. Ich hatte es geschafft. Endlich! Nach über 25 Jahren im Wedding war ich endgültig angekommen. Jetzt zahlte es sich aus, dass ich allem Spott der Freunde zum Trotz immer in meiner Erdgeschosswohnung geblieben bin: Der DHL-Mann betrachtete mich als Gleichwertigen. Ich war nicht einfach nur irgendein Dödel, bei dem er halt ein paar Pakete abgeben konnte, nein, wir arbeiteten zusammen. Wir waren ein Team! Hand in Hand garantierten wir beide die Grundversorgung der Weddinger Bevölkerung in diesem Teil der Seestraße. Topfpflanzen, Schallplatten, Rotwein, Dildos, Niqab-Gesichtsschleier – was die Nachbarn sich halt so bestellen bei Zalando, Manufactum, Orion-Versand und muslimshop.de.

Leider gibt es immer wieder Leute, die das nicht zu würdigen wissen. Wenn sie vor meiner Tür stehen, um ihre frisch eingetrudelte Reizwäsche bei mir auszulösen, beklagen sie sich, der Paketbote habe es gar nicht erst bei ihnen versucht. Verehrte Nachbarn, wenn ihr das je lesen oder hören solltet: Erstens, ich will euer Gejanker nicht hören! Es macht mir nichts aus, mehrmals am Tag von euch vom Schreibtisch hochgeklingelt zu werden, um euch eure schmutzigen, kleinen Geheimnisse zu überreichen. Es ist der einzige Sport, den ich betreibe. Aber ich bin gar nicht DHL. Es ist völlig sinnlos, wenn ihr euch bei mir über den Laden beschwert! Wenn es euch nicht passt, wie die Paketdienste heutzutage ihre Pakete zustellen, dann solltet ihr besser keine Pakete bestellen. Dann geht in Läden, und kauft den Krempel da. So wie früher, da ging das ja auch. Sicherlich, wenn die Leute wieder mehr in Läden kaufen würden, dann würde womöglich das ein oder andere Spielcasino in der Gegend hier verdrängt, weil dann dort wieder ein Geschäft aufmachen würde, und das wäre natürlich ein herber Verlust für uns alle. Trotzdem möchte ich mir nicht euer übellauniges Gequake darüber anhören, dass ihr die paar Schritte zu meiner Wohnung runterkommen musstet, um euren Kram in Empfang zu nehmen.

Und zweitens, seid doch froh, dass der Paketbote euer Paket nicht einfach bei der Postfiliale abgeladen hat. *Das* wäre wirklich ein Grund, übellaunig zu werden! Eine einzige verdammte Filiale hat die Post uns noch im gesamten Großraum hier gelassen. Das ist nämlich die Folge dieses ganzen Privatisierungs- und Renditesteigerungswahnsinns. Deswegen müssen wir jetzt alle bis zum Leopoldplatz. Das ist nicht nur ewig weit weg von der Seestraße, sondern diese letzte verbliebene Postfiliale ist ein Ort der Verdammnis. Egal zu welcher Tageszeit man dorthin geht, es stehen Schlangen voller Verfluchter davor bis nach draußen auf die Straße, die alle hilflos und vor Wut bebend kleine, gelbe Zettel in der Hand halten, mit dem Unheil verkündenden Kreuzchen bei »Ihr Paket liegt zur Abholung in der Filiale Müllerstraße für Sie bereit«. Und gerade wenn man es nach anderthalb Stunden Schlangestehen geschafft hat, bis kurz vor den Schalter zu gelangen, kommt vor einem garantiert noch irgendeine Oma dran, die 35 Euro von ihrem Postsparbuch abheben will, was ein Prozedere nach sich zieht, das mindestens eine weitere halbe Stunde in Anspruch nimmt. Es ist ein einziges Grauen! Die Postfiliale ist das neue Bürgeramt! Hier kann auch der Weddinger Durchschnittsinsasse mal fühlen, wie das war, als Flüchtling in Berlin anzukommen und dann am LaGeSo zu landen. Und glaubt mir, es ist nur eine Frage der Zeit, bis man auch in die Postämter nur noch rein darf, wenn man vorher im Internet einen Termin vereinbart hat. Dann will ich euch mal sehen, ihr Nachbarn, wenn ihr eure per Mailorder georderten Topfpflanzen frühestens zehn Wochen nach Ankunft beim Bürgeramt Biesdorf als zerkrümelte Gewürzmischung abholen könnt! Also, haltet den Rand, und seid dankbar, dass unser DHL-Bote und ich so gut zusammenarbeiten!

Wenn es im Wedding jemals zu Krawallen kommen sollte, dann sicherlich nicht, weil irgendwelche autonomen Spinner hier die Weltrevolution anzetteln wollen. Hier droht höchstens die Gefahr von Ausschreitungen, wenn ich mal wieder ein paar Wochen verreist bin. Dann bricht nämlich im ganzen Viertel die öffentliche Versorgung zusammen, und die Stadt soll froh sein, wenn sich die Anwohner der Seestraße nicht zusammenschließen und die Postfiliale in der Müllerstraße plündern und in Schutt und Asche legen. Meinen Segen hätten sie.

Es klingelt. Ich erschrecke kurz, denn vor der Tür steht eine verschleierte Frau. Das ist eher ungewöhnlich. Schon im Straßenbild sind solche Damen ja nicht einmal bei uns besonders häufig, und ich dachte, die dürfen alleine überhaupt nicht vor die Tür gehen, geschweige denn an der eines fremden Mannes klingeln. Die hier hat es aber einfach getan. Nun holt sie zwischen den sie umwallenden schwarzen Textilien den scharf dazu kontrastierenden gelben Zettel heraus und strahlt mich an (soweit man ihre Augenpartie diesbezüglich interpretieren konnte): »Sie haben ein Päckchen für mich angenommen?« Leicht verdattert übergebe ich ihr das Päckchen von muslimshop.de, sie sagt fröhlich: »Das muss mein neuer Niqab sein!«, dann zieht sie aus den unergründlichen Tiefen ihrer Schleier eine lilablau leuchtende Schachtel hervor. Milka-Schokoladen-Herzen! »Für Sie, zum Dank dafür, dass Sie immer die Päckchen von uns annehmen. Sonst müsste ich wieder in das elende Postamt Müllerstraße.«

Allerdings kommt es mitunter sogar bei mir vor, dass ich mal nicht zu Hause bin, wenn der Paketbote klingelt und zur Abwechslung mal etwas für mich dabeihat. Ich bekomme eigentlich nur eines regelmäßig per Paket zugestellt: Grillen. Damit füttere ich meine Leguane und Kröten. Und weil man die nicht ohne Weiteres beim Gemüsehändler um die Ecke bekommt, lasse ich sie mir halt zuschicken. Das ist übrigens auch eine gute Methode, um zu verhindern, zur Postfiliale Müllerstraße geschickt zu werden. Einmal haben sie es versucht. Ich ärgerte mich scheckig. Wofür nehme ich jahrelang alle Pakete der Umgebung an, wenn dann, wenn ich mal einmal selbst nicht da bin, die Sachen für mich nicht etwa bei den Nachbarn abgegeben werden, sondern in der verdammten Postfiliale des Grauens? Na wartet, dachte ich. Sie sind ja gut versorgt mit Futter in ihren Transportboxen – da lassen wir sie doch mal einfach noch ein paar Tage chillen, die Grillen. Als ich schließlich dann endlich in die Filiale ging und mich bis zum Schalter durchgewartet hatte, sah die Frau hinter dem

Tresen mich entgeistert an, als sie feststellte, was ich abholen wollte. »Sie sind das?!«, blaffte sie mich an, als sie mir das Paket mit dem Aufkleber »Vorsicht! Lebende Insekten!« auf den Tisch knallte. »Die Kiste hier hat uns fast um den Verstand gebracht. Die Drecksviecher da drin schreien ja schlimmer als die Weddinger in der Schlange hier!«, schimpfte sie, während es aus dem Inneren schrill zirpte. Ich grinste: »Dann sagen Sie Ihren Leuten mal, die sollen die Pakete für mich lieber bei den Nachbarn abgeben.«

Was vielleicht doch keine so gute Idee war, dachte ich beim nächsten Mal, als ich einen Zettel an der Tür fand, auf dem ich zwecks Paketauslösung zu einem merkwürdigen Fachgeschäft für Killernieten bestellt wurde. Au weia, das ist die Rache der Post. Der Inhaber vom Killernietengeschäft achtet nämlich auf eine rundum stimmige Corporate Identity. Will sagen: Er sieht halt aus wie jemand, der seinen Lebensunterhalt damit verdient, Killernieten zu verkaufen. Sowohl von der mächtigen, massigen Statur her, gegen die ich wie ein Hänfling wirke, als auch von seiner Gemütslage. Er wirkt daher stets so, als wollte er jederzeit zuschlagen und einem seine Nieten im Gesicht vorführen. Oft sitzt er nachmittags vor seinem Geschäft und jagt den Kampfhunden, die beim Gassigehen versehentlich an ihm vorbeikommen, einen Mordsschrecken ein, wenn sie vom Schnuppern auf dem Boden auf- und ihm ins Gesicht blicken. Aber es half ja nichts. Er hatte mein Paket, und meine Kröten hatten Hunger. Ich musste irgendwie an die Grillen kommen. Und ich ahnte, dass es keine gute Idee wäre, das so lange aufzuschieben, bis die Tierchen sich richtig eingegroovt hatten.

Kleinlaut schlich ich also rüber zu dem Laden, hielt meinen Abholschein in der Hand und grüßte höflich. Der Killernietenmann verzog keine Miene, erwiderte den Gruß im Rahmen seiner Möglichkeiten aber freundlich, nämlich mit den Worten: »Was bestellste dir auch irgend'nen Dreck, wennde nicht zu Hause bist, du Lappen!« Ich atmete auf. Er war offenbar gut gelaunt. Ein Glück. Er wies auf einen kleinen Berg an Paketen, der in einer Ecke aufgetürmt war, und sagte: »Such dir deinen Scheiß selbst da raus.« Ich nickte dankbar. Das war zudem nicht schwer, die Grillenkiste ist nicht gerade unauffällig und zirpte schon ein bisschen vor sich hin. Ich hoffte, die Killerniete würde mich nicht weiter beachten und ich könnte fix aus dem Laden entschwinden. Aber natürlich bemerkte er sofort, was ich da in die Hände nahm. Plötzlich blickte er auf und starrte mich an. Ich schluckte. »Ach, *du* bist das!«, zischte er. Au weia, dachte ich, jetzt gibt's aufs Maul. Der Mann fixierte mich mit eisigem Blick, dann sagte er: »Was haste denn?« Ich war verwirrt. Was meinte er? »Na, was haste zu Hause? Was für Viecher? Du wirst die Grillen ja wohl nicht selbst fressen, nehm ich an.« Ach so. Ich berichtete von meinen Leguanen und Kröten. »Cool«, sagte der Mann und lächelte plötzlich. Er *lächelte*! Oh Gott. »Komm mal mit!«

Er führte mich in ein Hinterzimmer des Ladens, eine kleine Werkstatt, wo er offenbar Ledergürtel zurechtkürzte und mit allerlei killenden Spikes versah. In einer Ecke stand dort ein kleines Terrarium. Ich schaute rein – und entdeckte ein paar Zwerggeckos. Winzige, filigrane, etwa fünf Zentimeter lange, äußerst hübsch gelb-braun geringelte, kurz: total niedliche Zwerggeckos. »Sind die nicht süß?«, fragte der Killerklops. »Habe ich schon seit fünf Jahren, die züchten regelmäßig nach. Gibt nichts Schöneres, als wenn so ein kleines Kerlchen aus dem Ei schlüpft. Da könnt' ich glatt heulen vor Rührung!« Ich stellte mir vor, wie er die kaum einen Zentimeter langen Winzlinge mit seinen monströsen Händen mit den Killernietenarmbändern dran zärtlich aus dem Brutkasten fischte, und mir wurde ganz warm ums Herz. Man soll die Menschen eben nie nach Äußerlichkeiten beurteilen.

Ich jedenfalls bat ihn um ein Messer, machte damit meine Kiste auf und überreichte ihm eine Dose kleiner Grillen für seine Geckos. »Hier, bitte, als Dankeschön dafür, dass Sie mein Paket angenommen haben.«

»Ehrensache«, sagte er, »gerne wieder!«

Ich lächelte ihn an und verabschiedete mich standesgemäß mit den Worten: »Es ist wirklich eine Freude, mit Ihnen zusammenzuarbeiten!« Wir Weddinger müssen eben zusammenhalten.

WENN'S DIR NICHT PASST, KANNSTE JA GEHEN. MIT ETWAS GLÜCK FÄHRT SOGAR EIN ZUG.

Thilo Bock

Einmal im Monat brauche ich eine neue Monatskarte. Im U-Bahnhof kann ich sie beim Kiosk kaufen oder direkt am Schalter. Dritte Möglichkeit wäre der Gang zum Automaten, wofür mir die Kraft fehlt und meistens das nötige Kleingeld. Irgendeine Münze fällt immer durch. Außerdem ist der Druck aus dem Automaten oft so schwach, dass man dazuschreiben muss, von wann bis wann die Karte gilt. Dann könnte ich mir das Ticket gleich selber malen. Ich glaube allerdings, das ist selbst in Berlin verboten. Also kaufe ich lieber beim Kiosk oder am Schalter. Vorm Kiosk ist die Schlange meistens kürzer, und die dort Arbeitenden sind freundlich und gut gelaunt. Denen gibt man gerne sein Geld. Trotzdem bevorzuge ich den Kauf am Schalter. Wenn schon BVG, dann richtig BVG.

Lange Zeit sahen bei der BVG alle erschreckend gleich aus, plump und grob, Quadratschädel mit schmalem Mund, dem die ein Lächeln voraussetzenden Muskeln abhandengekommen zu sein schienen. Dazu weißes Hemd und blaue Weste, ganz früher noch Uniformjacke und Mütze, wie bei der Polizei, nur in Blau. Zu *der* Zeit waren Busfahrer vermutlich sogar bewaffnet und zwar mit mehr als ihrer schlechten Laune. Inzwischen haben sie aber Kontakt zu Touristen aus aller Welt und teilweise selber Migrationshintergründe. Neulich bat eine Fahrerin in breitestem Schwäbisch darum, die mittlere Tür freizumachen, natürlich vergeblich, denn sie wurde auch von den Einheimischen nicht verstanden.

Die Abfertigungskabuffs auf den Bahnsteigen stehen leer. Daher sind die Verkaufsschalter die letzten Horte Urberliner Unfreundlichkeit. Wobei Unfreundlichkeit das falsche Wort ist. Der Berliner ist nicht unfreundlich, er ist nur *nicht* freundlich. Ich zahle also, der Schalterfritze schiebt mir wortlos das Ticket zu und wendet sich – zumindest innerlich – von mir ab. Immerhin lässt er nicht die Jalousie herunter. »Entschuldigung?«, wage ich zu sagen. Er guckt mich an, als hätte ich ihn gerade beleidigt. »*Was?*«

»Könnte ich noch so eine Plastikhülle bekommen?« Da die Monatskarte äußerlich wie ein Einwegticket wirkt, hat die BVG dazu Hüllen ausgegeben. Die sind zwar sehr knapp bemessen, es braucht ziemliche Geduld, die Karte dort hineinzuzwängen, aber Geduld ist ja eine Tugend, die man in Berlin als Benutzer öffentlicher Verkehrsmittel als Erstes lernt. Leider wird Geduld selten belohnt, schon gar nicht bei der BVG. »Die Hüllen wurden abgeschafft«, erklärt mir der Schaltermann. »Die Kunden haben sich beschwert, weil die Dingers so schnell kaputtgeh'n tun.« Bevor ich noch etwas sagen kann, also so was wie: »Ist ja kein Wunder bei der miesen Qualität«, lässt er jetzt wirklich die Jalousie herunter.

Das ist das Berliner Prinzip: Wenn wer meckert, wird die Sache halt abgeschafft. Verbessern macht zu viel Mühe, müsste man sich ja mal mit auseinandersetzen. Unlängst wurde die Potsdamer Brücke vor der *Neuen Nationalgalerie* wegen Bauarbeiten für den Verkehr gesperrt. Nur Busse durften weiter rüber, um die Linien nicht einstellen zu müssen. Für alle anderen galten zwei fette »Durchfahrt verboten«-Schilder. Denkste, da hat sich irgendein Autofahrer dran gehalten? Es gab diverse Unfälle, viel verbeultes Blech. Ein Fahrer hat sich sogar in der *Abendschau* darüber beklagt, dass *er*, der verkehrswidrig gefahren ist, jetzt selber schuld sein soll am Totalschaden seines Autos. Ist ja auch 'ne Frechheit! In Berlin machen schließlich nur die anderen die Fehler. Besser bekannt als dritter Hauptsatz der Icke-Bezogenheit.

Konsequenz der Polizei: Anstatt die Falschfahrer abzukassieren, das würde ja zu viel Mühe machen – schon allein die ganzen Abrechnungen! –, haben sie lieber die Brücke komplett gesperrt. Und die Buslinien eingestellt. Selber schuld, wer unbedingt Bus fahren muss. Laufen ist sowieso gesünder – falls man nicht versehentlich vor ein falsch fahrendes Auto rennt.

Selber schuld! Das ist auch das Motto der BVG. Aus der Erfahrung, dass man an der Grundhaltung der Mitarbeiterinnen und Mitarbeiter nichts ändern kann, hat das Unternehmen die Konsequenz gezogen und die Patzigkeit zur Leitlinie erklärt. Die überaus erfolgreiche neue Art der Öffentlichkeitsarbeit unter dem Hashtag *#weilwirdichlieben* läuft getreu der Devise *Auf die Fresse, Herzblatt*. Sich bemühen, Verspätungen zu verringern, kann ja jeder! Jedenfalls außerhalb von Berlin. Hier werden lieber aufwendige Werbeclips gedreht, die – natürlich so augenzwinkernd wie eine Kastagnette – erklären, das sei alles Absicht beziehungsweise: Is' mir egal! Die Kunden wollen schließlich schlecht behandelt werden, sonst könnten sie sich ja auch nicht beschweren. Wer das aber tut und bei Twitter über unverständliche Hinweisschilder und Durchsagen, Zugausfälle, spontane Linienänderungen und dergleichen klagt, erntet nichts als Spott, schadenfrohe Likes Fremder inklusive. Dafür wird das aus Gagschreibern bestehende Social-Media-Team in den Netzwerken der Wischfinger und von den Medien abgefeiert. In Berlin ist eben nicht der Gebeutelte interessant, sondern der mit der kessesten Fresse.

Die Stadt könnte von der BVG lernen. Auf den Bürgerämtern lassen sich zwar wieder Ausweise verlängern, man sollte jedoch nicht aus Übermut gleich heiraten, ein Kind kriegen und dazu auch noch ein Auto kaufen wollen. Das kriegt man alles sowieso nicht angemeldet. Wobei es bestimmt kein Problem ist, ein Auto ohne Zulassung in Berlin zu parken, solange man es auf einem Radweg abstellt. Da ist so ein Auto fürs Ordnungsamt quasi unsichtbar.

Überhaupt: Heiraten? Habt ihr euch das gut überlegt? Habt ihr schon eine gemeinsame Wohnung? Zwei Zimmer? Reicht euch das? Und was ist, wenn Nachwuchs unterwegs ist? Da findet ihr doch nie im Leben eine größere Wohnung in euerm Kiez! Ihr wollt ja wohl nicht nach Marzahn ziehen oder nach Spandau? Ummelden geht da gerade ohnehin nicht. Die Schwangerschaftsvertretung macht nämlich eine Fortbildung zur Gagschreiberin.

Wie kann man auch so unverantwortlich sein, in Berlin ein Kind gebären zu wollen? Bei den maroden Bildungseinrichtungen! Solange alle Ressourcen gebunden sind mit der Fertigstellung des Flughafens, werden die Schultoiletten auf ihre Reparatur warten müssen. Wobei, immerhin: Die neuen Türschilder sind bereits angeschafft. Wenn die Klos irgendwann wieder funktionieren sollten, sind sie wenigstens geschlechtsneutral beschriftet. Bis dahin sollten die Kinder einfach nicht so viel trinken, das nimmt eh kein gutes Ende. Schließlich werden sie schon auf dem Schulweg in der U-Bahn mit frühem Wegbierverzehr konfrontiert. Alkohol in der Bahn ist zwar verboten, nur würde es mich wundern, wenn mal jemand wegen eines Bieres des Zuges verwiesen worden wäre.

Das ist wie bei der eben erwähnten Potsdamer Brücke. Die Busse fahren ja seit Neuestem wieder. Die Polizei will rund um die Uhr sicherstellen, dass an der Baustelle niemand anderes durchfährt. Ich glaube, ich gucke mir das mal an mit ein paar Kaltgetränken im Gepäck. Kann aber sein, dass das nicht lange gut geht. Die Gewerkschaft der Polizei hat sich schon beschwert, Polizisten hätten Wichtigeres zu erledigen, »als rund um die Uhr die Einhaltung von Verkehrsregeln zu kontrollieren«. Ja ebent! Was hat die Polizei auch mit Verkehrsregeln am Hut?

Ach Mensch, Berlin, wirklich! Bei einem Kleinkind fände man das ja alles irgendwie putzig. Der Kleine muss halt noch so viel lernen. Aber Berlin, du bist 780 Jahre alt, und – echt mal! – du bist verdammt noch mal eine Stadt, ey!

KAPITEL 3

Berlin erleben

WIE ICH MAL AUS GESUNDHEITLICHEN GRÜNDEN DEN WEDDING VERLASSEN MUSSTE

Robert Rescue

Vor Kurzem lag ein Brief des Bezirksamtes Lichtenberg im Briefkasten. Was zum Teufel wollte das Bezirksamt Lichtenberg von mir? Als ich den Brief öffnete und las, stieg Angst in mir hoch. Das für ganz Berlin zuständige Tuberkulosezentrum Lichtenberg teilte mir mit, dass in meiner Umgebung eine Tuberkuloseerkrankung aufgetreten sei, weshalb ich innerhalb der nächsten 10 Tage zur Kontrolluntersuchung erscheinen solle. Tuberkulose in meiner Umgebung? Was bedeutete das? Mein erster und für die nächsten Tage einziger Verdacht fiel auf das Haus oder das Nachbarhaus, das Haus daneben, den Häuserblock oder auch den gesamten Kiez. Das schien mir das Nächstliegende, denn wenn irgendwo Tuberkulose auftritt, dann im Wedding. Nun sind meine Nachbarn, im Haus wohlgemerkt, allesamt gefestigte Charaktere, die in hygienischen Haushalten leben und sich halbwegs gesund ernähren. Doch was war mit den Leuten im Nachbarhaus, die mir öfter auf der Straße begegneten, die mich um Geld und Zigaretten anschnorrten und von denen einige so aussahen, als hätten sie Krankheiten, die es nötig machten, zu einer Kontrolluntersuchung in einen anderen Bezirk zu fahren? Nun hatte ich keine Informationen über Tuberkulose, und seltsamerweise besorgte ich mir tagelang auch keine. Ich ging felsenfest davon aus, dass sich die Quelle in meiner unmittelbaren Umgebung befand.

Als ich Tage später Nachbar Heiko Werning fragte, ob er auch einen Brief erhalten hätte, war er baff, und wie sich daraus ergab, war ich wohl der einzige Empfänger in unserem Block. Also überlegte ich erneut, wer der Erkrankte sein und wo ich ihn getroffen haben könnte. Kurzerhand verdächtigte ich die Mitstreiter des Kulturvereins, wo ich mich häufig aufhielt. Von den meisten wusste ich nicht, in welchen Kreisen sie noch so verkehrten oder wie es bei ihnen zu Hause aussah. Klarheit brachte dann ein Anruf bei dem Tuberkulosezentrum. Ich hätte mir noch tagelang den Kopf zerbrechen können, aber darauf wäre ich vermutlich nie gekommen, obwohl es in gewisser Weise naheliegend war: Einige Monate zuvor hatte ich wieder einmal an einem Bewerbungscoaching des Jobcenters teilgenommen. Durch den Anruf erfuhr ich, dass einer der Teilnehmer während des Kurses oder danach an Tuberkulose erkrankte. Die Vorschriften verlangten, dass dann möglichst alle Personen, mit denen der Betroffene innerhalb eines halben Jahres in Kontakt gekommen war, untersucht werden mussten. Zum damaligen Zeitpunkt hätte ich keinem der Teilnehmer unterstellt, an Tuberkulose erkrankt zu sein, aber jetzt, wo ich mir den einen oder anderen Teilnehmer ins Gedächtnis rief ... – Wer war es gewesen? Der stets nörgelnde Schwabe Herr Geh, den sogar ein befreundeter Briefträger, der im Wedding die Post austrägt, für fürchterlich hält? Oder der polnische Stuckateurmeister, der für die Dozentin schwarzarbeiten sollte, sie aber versetzt hatte, und der bei dem sechswöchigen Kurs nur eine Woche lang anwesend gewesen war? Gar die Dozentin, die auf Verschwörungsliteratur stand? Wahrscheinlich machte es keinen Sinn, in Lichtenberg nachzufragen.

Einige Tage später fuhr ich zum Tuberkulosezentrum und landete in einer kleinen, idyllisch zu nennenden Straße, die, in einer Kurve verlaufend, direkt zu einem Friedhof führte. Na toll, das war ja eine gelungene Standortwahl für den Fall, dass den Patienten nicht mehr geholfen werden kann. Ich ging zu dem im Schreiben angegebenen Zimmer und las an der Tür, dass ich das Schreiben in ein Körbchen zu legen habe, das regelmäßig von der Sachbearbeiterin geleert würde. Während ich draußen auf einem Stuhl auf den Aufruf wartete, sah ich eine Ärztin geschäftig herumlaufen sowie zwei Patienten, von denen der eine Wasser in der Lunge hatte und der andere zu viel Alkohol im Blut, wie ich ihren lauten Gesprächen entnehmen konnte. Dann rief die Sachbearbeiterin mich auf. Laut Namensschild war sie Arzthelferin, doch trug sie keinen Kittel, und ihr Büro sah eher nach Jobcenter oder Rechtsanwaltskanzlei aus. Sie machte keine großen Worte, sondern holte eine Spritze hervor, die sie mir in den Unterarm pikte. Der Tuberkulin-Hauttest ist die schnellste, billigste und fehleranfälligste Methode, um eine Infektion nachzuweisen. Zeigt sich Tage nach der Spritze eine tastbare Verhärtung an der Teststelle, so konnte dies auf eine Tuberkulose-Infektion hinweisen. Ob man allerdings erkrankt ist, kann dann erst eine Röntgenuntersuchung feststellen, die wohl in einer der fünf Kammern im Flur vorgenommen wird, die ich fälschlicherweise für Telefonzellen gehalten hatte. Die vermeintliche Arzthelferin bat mich, nach dem Wochenende erneut vorbeizukommen. Das gesamte Wochenende verbrachte ich damit, auf den Unterarm zu schauen, ob sich was verhärtete. Ich hatte Glück, die Haut blieb unverändert.

Am Montag dann brauchte ich eine Dreiviertelstunde mit der Schleichbahn, um in Lichtenberg anzukommen, wo ich binnen vier Minuten erfuhr, dass ich nicht mit Tuberkulose infiziert war. Ich war erleichtert, dass ich nicht am Ende der Straße landen würde. Anschließend fuhr ich wieder eine Dreiviertelstunde zurück in den Wedding. Anfangs war ich verärgert über die verschwendete Zeit, aber dann sagte ich mir:

Was tut man nicht alles für seine Gesundheit? Eines nahm ich mir in diesem Moment vor: Bei der nächsten Maßnahme des Jobcenters würde ich einen genaueren Blick auf die anderen Teilnehmer werfen.

AMÖBENJAHRE
ODER: ICH BIN JETZT EXPERTE

Volker Surmann

»Experte« steht auf der weißen Keramiktasse, die ich am Ende mitnehmen darf. Nicht dass ich mich nicht schon immer dafür gehalten hätte, aber ein bisschen Selbstbestätigung tut gelegentlich ganz gut. Diese Kaffeetasse, ein Teeglas mit gleicher Aufschrift und ein blauer Stoffbeutel sowie 10 Euro in bar sind die Ausbeute meines Nachmittags.

Ich habe an der NAKO-Gesundheitsstudie teilgenommen gemusst haben sollen gedurft, wie 200.000 andere Menschen auch. Statistisch zufällig ausgewählt. Zack! »Wollen Sie sich freiwillig einem kostenlosen Gesundheitscheck unterziehen und ein paar Fragen beantworten?« – Wieso nicht?, habe ich gedacht und mitgemacht.

NAKO stand mal für »Nationale Kohorte«, was so viel wie »deutschlandweite Gruppenuntersuchung« heißen sollte, bis den Ärzten auffiel, dass es eher nach sächsischer Wehrsportgruppe klang. Deshalb nun NAKO.

I. Jetzt bin ich Experte. Mit Fug und Recht kann ich das behaupten. Das Wort »Stuhlfänger« wird meinen Wortschatz so schnell nicht wieder verlassen. Klingt ein bisschen wie »Traumfänger«, meint aber etwas anderes. (Es sei denn, man hat voll die Scheiße geträumt.)

Ich weiß jetzt, wie sich eine »*Anleitung zur Gewinnung einer Stuhlprobe*« liest. Ich bekomme sie vier Wochen vor meinem Termin zugeschickt. Eine Pappbox mit der Aufschrift »Stuhlprobe«, zwei verschraubbare Reagenzgläschen, einen Holzspatel und Gummihandschuhe in einen sinnvollen Handlungsablauf zu bringen, erfordert nicht allzu viel Fantasie. Aber nein: Die Anleitung umfasst vier Seiten und 19 Einzelschritte! Ein Meisterwerk der komischen Literatur. Wieso hat man nicht jemanden die Anleitung schreiben lassen, der sich sowas auskennt? IKEA zum Beispiel.

»*Schritt 2: Befestigen Sie den beigelegten ›Stuhlfänger‹ wie auf dem Stuhlfänger beschrieben mithilfe der Klebeflächen an Ihrer Toilettenbrille und hängen ihn in die Schüssel.*«

Aber es ist ja oft so: Wenn kluge Menschen etwas verfassen wollen, was auch vorgeblich Dumme verstehen sollen, entsteht daraus viel kluges dummes Zeug. In einem x-beliebigen Berliner Haushalt würde man sich der medizinischen Erfordernis wohl pragmatischer nähern: »Kiek ma uff die Box hier: ›Stuhlprobe‹, wie jeht'n dit?«

»Na, kiek's dir doch ma an, Keule: Kleenet Holzschüppchen, Reajenzgläser mit Schroobvaschluss, so schwer kann dis doch jar nich' sein. Leg Papier drunter, mach druff, nu die Schüppe in eene Hand, Reajenzglas inne andere und denn: Uff ans Werk, Baumester Bob!«

»*Schritt 13: Verpacken Sie die beiden Stuhlsammelgefäße in dem Schutzbeutel und verschließen diesen mit dem Klebestreifen. Schritt 14: Legen Sie den verschlossenen Beutel mit den Stuhlproben in die Transportbox. Schritt 15: Waschen Sie sich gründlich die Hände mit Seife ...*« – Na, die kommen ja auf verrückte Ideen!

Dass auf dem Beutel dann groß der Name der Labortechnikfirma prangt, der da heißt »SÜSSE«, ist nur noch der Gipfel der Sweetness, die Zuckerkirsche auf dem verschämten Haufen Sanitärpoesie.

»*Schritt 17: Lagern Sie die Transportbox bis zum Transport ins Studienzentrum im Kühlschrank. Bitte nicht einfrieren!*«

Wie kommt man auf die Idee, dass jemand das einfrieren

könnte? Sorge vor urpreußischer Vorratshaltung? »Jetz hab ick dit janze Jedöns hier mit die Probe so jemacht, da kann ick doch noch wat einfrieren, für wenn ick ma wieder Stuhl abjeben muss.«

II. Das erste Gespräch im NAKO-Studienzentrum der Charité führt eine Frau mit mir, die wie eine Ingrid aussieht. Ich werde belehrt, nach Vorerkrankungen befragt und verkaufe meine Seele der Gesundheitsforschung, indem ich diverse Ärzte und Organisationen von ihrer Schweigepflicht entbinde, damit mein gesundheitlicher Werdegang die nächsten 30 Jahre lang anonym erfasst werden kann.

»Letzte Frage: Willigen Sie ein, dass im Falle Ihres Todes die Ursache an uns übermittelt wird?«, fragt Ingrid und lächelt: »Auch wenn ich natürlich hoffe, dass Ihr Ableben noch lange dauert.«

Ich erbleiche. »Mein Ableben soll lange dauern?«

»Ja. Ähm, nein. Also *bis dahin* soll's lange ...«

»Schon gut, Einwilligung erteilt.«

Am unangenehmsten sind die Aufmerksamkeits- und Gedächtnistests. Ich soll so schnell wie möglich 70 Farbfelder benennen, ich rassele sie runter, danach das Ganze noch mal mit 70 eingefärbten Wörtern, was einfacher klingt, als es ist, denn die Wörter sind dieselben Farbbezeichnungen, die ich gerade runterleiern muss, aber größtenteils falsch bunt. Aber wenn da in Grün »gelb« steht, muss ich halt »grün« sagen und nicht »gelb«. Ich schaff's.

Dann der Kurzzeitgedächtnistest. 12 Wörter werden mir vorgespielt, und ich hab direkt danach 60 Sekunden, sie wiederzugeben.

Ich wiederhole: »Butter, Vogel, Tisch, Bleistift, ... Glas, ... Bus, ... Bus, ... Stange, ... Hütte, ... Moment, Buttervogeltischglas... ach, Schere ... öhm ... Stein, Papier?«

Nein. »Brunnen« habe ich vergessen und »Königin«.

Dann werden mir Zahlenreihen vorgespielt, die ich anschließend wiedergeben muss, in umgekehrter Reihenfolge. Ich scheitere bei sieben Stellen und liege damit im Durchschnitt, wie mich Ingrid beruhigt.

Nach einem Greifkrafttest bedankt sich Ingrid, wir seien jetzt fertig, ich solle bloß nur noch mal kurz die 12 Begriffe aufzählen. Verdammt!

»Butter, Vogel, Tisch, ... Königin, Brunnen, ... Stange, ... Hütte, ... Stuhlfänger?«

»Nein.«

»Glas!« Dann ist die Zeit um. Alles okay, sagt Ingrid, aber ich komme mir vor, als sei bei mir gerade eine beginnende Altersdemenz diagnostiziert worden. (Und am unangenehmsten ist, dass ich an dieser Stelle gestehen muss, dass ich mir beim Schreiben dieses Berichts vier der 12 Wörter ausdenken musste, weil sie mir, knapp 20 Stunden später, partout nicht mehr einfielen.)

»Was ich seltsam fand«, sagt Ingrid zum Abschluss. »Sie haben immer ›Glas‹ statt ›Gras‹ gesagt.«

»Oh«, sage ich. »Mit Gras hab ich's nicht so.«

»Das Thema fragen wir erst später ab«, sagt Ingrid.

III. Neben Blutdruck, Blutentnahme, Nasen- und Speichelabstrich, Urinprobe, Lungenvolumentest und einem irre langen Fragebogen am Touchscreen werde ich ver- und durchgemessen. Der junge Vermessungstechniker stellt sich mir vor, aber ich vergesse den Namen sofort wieder. Jedes Mal, wenn ich versuche, ihn mir in Erinnerung zu rufen, fällt mir nur »Butter«, »Vogel« oder »Königin« ein. Er sieht aber aus wie ein Enrico. Oder ein Benjamin. Irgendwas mit E jedenfalls. Jonas. Doch zunächst schon wieder Fragen:

»Dr. Surmann, haben Sie in Medizin promoviert?«

»Nein, Linguistik.«

»Oh, das hatte ich hier noch nie. Was macht man so als Linguistiker?«

»Linguist. Meistens korrigiert man andere Leute.«

»Haha, lustig. Hatten Sie schon mal einen Herzinfarkt?«

»Nein.«

»Eine Lungenembolie?«

»Ist so was nicht tödlich?«

»Meistens.«

»Dann nein.«

Ein paar Herz-Kreislauf-Erkrankungen, Infarkte und Schlaganfälle später muss ich mich bis auf die Unterwäsche ausziehen, jetzt geht's an die Körpergröße. »Oha«, sage ich. »Ich hoffe, das endet nicht desillusionierend.«

»Meistens schon«, sagt Enrico-Benjamin. »1,87 Meter.«

»Nicht 1,88 Meter? In meinem Personalausweis steht 1,88 Meter!«

Ich strecke mich, so sehr ich kann, um noch die letzten 10 Millimeter aus mir rauszuholen. Irgendwo müssen die doch geblieben sein! Enrico-Benjamin schüttelt den Kopf. Nee, 1,87 Meter. Als Nächstes die Waage. »Da müssen Sie jetzt noch tapferer sein«, grinst er. – Jetzt aber mal nicht frech werden hier!

»79,5 Kilo«, steht im Display der Waage. (Zahl von der Redaktion geändert.)

So was hatte ich schon befürchtet. Meine Waage zu Hause behauptet zwar steif und fest zwei Kilo weniger, aber ich habe schon öfters gemerkt, dass meine Waage mit ihrer Meinung ziemlich allein dasteht.

Mein BMI ist auch im grünen Bereich. Mein Körperfettwert ist minimal im roten Bereich, das sei aber bei fast allen Männern so, klärt mich Enrique-Benjamin auf. Etwas Wohlfühlspeck habe ja jeder. – Aas! Noch so'n Satz und ich betaste *deinen* Wohlfühlspeck mal. Mit meiner Faust.

Mein Flüssigkeitswert ist etwas zu gering: »Bitte zwei Gläser mehr trinken am Tag!«

What the fuck! Das mussten wir meinem tüddeligen Opa immer sagen: »Vergiss nicht, ausreichend zu trinken.« Geht's also doch schon los?

»Butter, Vogel, Königin, Stange«, murmele ich, um mein Gedächtnis zu trainieren. »Hütte, Gras, ... Teller ...«

»Sie haben ›Brunnen‹ vergessen«, ergänzt Erich-Benedict.

Ich soll mich hinlegen, damit er mich mittels Blutdruckmanschetten an Oberarm und Unterschenkel und Sensoren an Zeh und Zeigefinger auf Arterienverkalkung untersuchen kann.

»Glückwunsch! Keine Verkalkung messbar«, sagt Engelbert-Bernhard anschließend: »Ihre Gefäße sind 37 Jahre alt!«

Ich juble! 37!!! Gerade für schwule Männer sind die Jahre ab 40 ja ein großes Problem. Wenn ich also mal wieder nach meinem Alter gefragt werde, kann ich jetzt in aller Ruhe sagen: »Meine Gefäße sind 37.«

Allerdings frage ich mich, was ich bloß in den sieben Jahren ohne Gefäße gemacht habe. Welche sieben Jahre meines Lebens waren meine Amöbenjahre?

IV. Schlusspointe. Am Ende bekomme ich neue Gefäße: Tasse, Glas und einen Stoffbeutel sowie 10 Euro Aufwandsentschädigung. Macht knapp 3,30 Euro Stundenlohn für sieben gewonnene Jahre und einen verlorenen Zentimeter. Ich muss den Betrag quittieren und verpflichte mich durch meine Unterschrift, diesen Betrag bei meiner Einkommenssteuererklärung anzugeben. Die Frau an der Rezeption und ich lachen gemeinsam, und ich bin mir sicher: Diese Information wird meiner beginnenden Demenz als Erstes zum Opfer fallen.

DER MITBEWOHNER
Thilo Bock

Alles fing damit an, dass ich meinen Job verlor – keinen tollen Job. Meistens saß ich an meinem Schreibtisch im Großraumbüro und habe bloß geschäftig getan, in der Hoffnung, niemandem würde auffallen, wie wenig ich von dem verstand, was ich zu tun vorgab. Im Nachhinein könnte ich nicht einmal mit Gewissheit sagen, was für eine Firma das überhaupt war. Es gab Geld, und ich musste nicht den ganzen Tag bei meiner Freundin abhängen. Wir wohnten zwar zusammen, sie aber glaubte, ich hätte noch die kleine, dunkle Wohnung, die ich ihr zu Beginn unserer Beziehung vorgeführt hatte. Nur wozu? Bei ihr war ja genug Platz. Dachte ich.

Falsch gedacht.

Fortan unbedacht, war ich gezwungen, mir eine neue Bleibe zu suchen. Und eine neue Freundin gleich mit. Die alte hielt mich doch tatsächlich für verrückt! Warum nicht das Dringende mit dem Drängenden verbinden, dachte ich und verbrachte die nächsten Nächte einfach auf Partys.

Ich ging dafür so lange durch die Stadt, bis ich laute Musik und Stimmengewirr hörte. Unauffällig mischte ich mich unters Feiervolk. Blöd bloß, dass es dort stets lauter war als auf der Straße. Die wenigsten Frauen stehen auf Männer, die sie nicht verstehen. Mitnahme ausgeschlossen.

Und irgendwann ist selbst die längste Party vorbei. Man könnte zwar noch beim Aufräumen helfen, aber das, was ich an meiner Wohnungslosigkeit so richtig klasse fand, war ja die Aussicht darauf, nie wieder aufräumen zu müssen. Also verdrückte ich mich lieber regelmäßig. Nur einmal bin ich eingeschlafen. Dieses ständige Gefeiere geht halt echt in die Knochen.

Als ich wieder aufwachte, stellte ich fest: Ich war längst nicht der einzige Gastschläfer. Die WG wirkte riesig. Meine Anwesenheit fiel nicht weiter auf. Nicht einmal während der Teilnahme am späten Frühstück, das aus Bier- und Knabberresten bestand. Nach und nach verabschiedeten sich viele, und der Rest ging auf die Zimmer. Davon gab es reichlich.

Beim Frühstück hatte ich mitbekommen, dass einige Mitbewohner gerade verreist oder bei ihren Partnern waren, sodass ich mich einfach in ein leeres Zimmer schlich. Dort schlief ich die nächsten Nächte. Tagsüber blieb ich in der Küche und war als ständiger Gast bald akzeptiert. Wurde das von mir benutzte Bett wieder gebraucht, wechselte ich in ein freies. Alles ganz easy.

Problematisch war lediglich der notorisch leere Kühlschrank. Die meisten besorgten sich ihr Essen unterwegs. Eine Alternative musste her. Glücklicherweise war meine Suche kurz.

Über den Hof hatte ich die Wohnung eines Mannes beobachtet, der vor allem nachts zu Hause war. Offenbar verbrachte er die meiste Zeit im Büro. Was für eine Verschwendung von Wohnraum! Tagsüber stand der ungenutzt leer. Die Zimmer waren, soweit einsehbar, sogar recht angenehm möbliert, inklusive riesigem Fernseher. Da der Mann regelmäßig pralle Supermarkttüten herbeitrug, vermutete ich zudem einen üppig gefüllten Kühlschrank.

Womit ich recht behielt. Ein paar Tage lag ich auf der Lauer. Als er seinen Müll herunterbrachte und die Tür lediglich anlehnte, schlüpfte ich hinein und legte mich zunächst unters Bett. Alles Weitere würde sich fügen.

Die erste Nacht war schrecklich. Nicht nur wegen des harten Fußbodens und der Enge. Mein neuer Mitbewohner schnarchte! Glücklicherweise begann sein Alltag früh. So konnte ich auf die andere Seite der Matratze wechseln. Herrlich, eine ganze Wohnung für mich allein! Als ich am Nachmittag wieder zu mir kam, wuchs in mir Panik. Ich wusste, er würde bald zurückkehren. Und ich hatte noch nicht einmal was gegessen. Rasch naschte ich ein paar Happen, anschließend sah ich mich um.

Die abgehängte Decke im Flur diente als Stauraum. Dort kroch ich hinauf. Überall Kisten. Für mich kaum Platz. Dem Staub nach zu urteilen, lagerte in den Kisten vor allem nutzloses Zeug. Hart gewaschene Handtücher, aus Mode und Form getragene Jacken, leierig gespielte Musikkassetten. Ein Karton war gefüllt mit kleinen Kartons – alle leer! Stauraum im Stauraum. Was die Leute so alles aufheben, wenn sie zu viel Platz haben!

Am nächsten Tag begann ich mit dem Umräumen. Aus Jacken und Handtüchern richtete ich mir ein gemütliches Lager her, wegen der anderen Kisten von unten nicht einsehbar. Weil ich keinen Wohnungsschlüssel fand, war ich gezwungen, so wenig wie möglich zu entsorgen. Alles, was ich loswerden wollte, musste ich im Klo runterspülen. Ein voller Mülleimer hätte mich verraten.

Ähnlich verhielt es sich mit dem Essen. Trotz zahlreicher Vorräte war Vorsicht geboten. Am Ende zählte mein Mitbewohner noch seine Vorräte! Vielleicht freute er sich auf den Kirschjoghurt und schöpfte Verdacht, würde dieser fehlen. Tiefkühlpizza war glücklicherweise genug vorhanden. Und alle von der gleichen Sorte. Spinat! Na ja, es gab Schlimmeres. Zum Beispiel den Geruch, der eine Wohnung beim Pizzaaufbacken füllt. Den ganzen Nachmittag verbrachte ich daher mit deren Lüftung. Gerade noch rechtzeitig zog ich mich zurück in mein neues Versteck, nicht ohne dort zuvor Snacks und Getränke deponiert zu haben.

Bald hatte ich es mir im Hängeboden hinter den Kisten perfekt eingerichtet. Ein eigenes kleines Zuhause. Und tagsüber gehörte mir die ganze Wohnung. Ich sah fern, badete ausgiebig und aß gemütlich, wobei ich die kalte Küche bevorzugte, wegen der sich weniger verbreitenden Gerüche.

Dass ich nicht rauskam, war nur ein scheinbarer Makel. Ich bin schon immer eher der Stubenhocker gewesen, und Freundschaften pflegte ich auch keine. Ich telefonierte nicht mal gerne. Klingelte jetzt der Apparat ausnahmsweise tagsüber, ignorierte ich das natürlich. Leider packte mich eines Tages akute Sehnsucht, und so rief ich meine Exfreundin an, was ich bereits im Moment des wiederholten Tutens bereute. Glücklicherweise hob sie nicht ab.

Weitere Versuche der Kontaktaufnahme zur Außenwelt unterließ ich lieber. Seltsamerweise klingelte danach das Telefon im Abstand von Viertelstunden. Das begann zu nerven. Abends, als ich wieder in meiner hoch hängenden Höhle hockte, konnte mein Mitbewohner dieses monotone Konzert endlich beenden. Zu meinem Erschrecken nannte er meinen Namen, fügte aber nach einem gefühlten Herzstillstand hinzu: »Nein, da müssen Sie sich verwählt haben.« An die blöde Rufnummernanzeige hatte ich überhaupt nicht gedacht. Und sowieso: Wie kam meine blöde Ex auf die Idee, *ich* könnte hinter der ihr unbekannten Nummer stecken? *Wer* war hier denn verrückt?

Am Wochenende war viel Zeit, darüber nachzudenken. Mein Mitbewohner blieb den ganzen Tag zu Hause und werkelte wild herum. Keine Ahnung, was er machte. Von meinem Platz aus konnte ich leider nichts erkennen. Anschließend rief er jemanden an. Sprach von Schlafmöglichkeit. Sonderlich romantisch klang das nicht. Sein Sozialleben war wohl auch nicht aufregender als meins. Vielleicht sollte ich mich ihm offenbaren. Vielleicht würde er sich ja über meine Anwesenheit freuen. Ich dachte nur kurz darüber nach. Was zählte, war, dass ich die Wohnung übers Wochenende für mich hatte! Nackt tanzte ich durch die Zimmer.

Montagvormittag kam er zurück. Musste er denn nicht ins Büro? »Hoffentlich ist er nicht arbeitslos geworden!«, dachte ich. Keinesfalls wollte ich wieder umziehen. Mir gefiel es gut hier. Nach einigem Rumgeklapper verließ er die Wohnung erneut, um allerdings kurz darauf zurückzukehren. Diesmal in Begleitung mehrerer Herren. »Sehen Sie sich das an!«, hörte ich ihn sagen. »Das habe ich alles am Wochenende aufgezeichnet. Dafür habe ich extra diese Kameras installiert. Das ist doch total unheimlich. Der hat nicht mal was an!«

Ich zählte bis zehn, und schon kam jemand die Stiege zum Hochsitz herauf. Eine Polizistenmütze schob sich zwischen die Kartons.

»Gut, dass Sie kommen!«, sagte ich. »Ich werde den Verdacht nicht los, in meiner Wohnung könnte noch jemand anderes wohnen.«

VERKLEBT

Heiko Werning

Das Aufregendste, das mir während meiner Australienreise passiert ist, ereignete sich im Wedding.

Sechs Wochen Abwesenheit erfordern Hilfe und Beistand von Freunden. Jemand muss die Post reinholen und sichten, und jemand muss die Tiere füttern. Da ich viel Post bekomme und viele Tiere habe, ist also ein ganzes Team von Freunden nötig, die diese Aufgabe seit Jahren mit Bravour meistern. Die Helfer bekommen dann einen Schlüssel, mit dem sie sich den Weg in unsere Wohnung bahnen können, und lagern dort die Post, füttern die Leguane und die Schlangen, machen der Wasserschildkröte das Wasser schön und lassen die Fauchschaben ein wenig fauchen. Nur Blumen gießen muss bei uns niemand, meine einzige Pflanze ist ein Kaktus, und der kommt gut alleine klar. Man will die Freunde ja auch nicht überfordern.

So hätte auch in diesem Jahr alles seinen geregelten Gang gehen sollen, während ich in Australien Kängurus im Beutel herumschnüffelte, Dornteufeln im Wüstenstaub hinterherkroch, Korallenfingerlaubfrösche aus den Campingplatztoiletten herauspulte und ansonsten sorgsam darauf bedacht war, den Leistenkrokodilen nicht zu dicht auf den Leib zu rücken. Und dann das: eine Mail aus der Heimat – der Wohnungsschlüssel passte plötzlich nicht mehr. Die Weddinger Tür blieb zu, ratlos standen die Freunde mit Postbergen und Salatköpfen davor. Sie brauchten meine Freigabe für einen Schlüsseldienst, denn jemand hatte offenbar Sekundenkleber in das Schloss geschmiert. Ein Attentat!

Aber wer, so überlegte ich fieberhaft, wer könnte ein Interesse daran haben, mich dergestalt zu attackieren? An einen einfachen Dummejungsstreich mochten die Freunde daheim nicht glauben, denn nur die Tür zu meiner Wohnung war verklebt, die zu den Nachbarwohnungen funktionierten tadellos. Wen hatte ich mir dermaßen zum Feind gemacht, dass er mir so eins auswischen wollte? War es wegen meiner Texte? Tierschützer, die auf dem Recht bestanden, ihre Katzen draußen weiter geschützte Tiere töten zu lassen? AfD-Nazis, die nicht mehr Nazis, oder antisemitische Linke, die nicht mehr antisemitisch genannt werden wollten? Das hätte ja fast was Romantisches. Meine Texte bewirken etwas! Zumindest konnten sie mein Schloss verkleben.

Aber die Wirklichkeit ist wahrscheinlich viel profaner. Vor einiger Zeit war ein Nachbarschaftsstreit eskaliert. Wir wohnen im Hinterhauserdgeschoss und verfügen über einen kleinen Hofgarten. Die Kinder spielen dort gerne Ball. Sehr zum Missfallen einer Nachbarin, die ihrem Unmut mit lautem Gekeife Ausdruck verlieh, dessen Dezibelwerte die des Balls um mindestens eine Zehnerpotenz übertrafen. Verängstigt waren die Jungs zu mir ins Arbeitszimmer geflüchtet. Das kannten sie noch nicht. Früher wurden solche Probleme anders gelöst. Als einer der Nachbarn mal sehr genervt war vom abendlichen Ballgetocker, bot er den Kindern einfach Eis an, wenn sie dafür in der Wohnung weiterspielten. Begeistert kamen sie anschließend mit ihren Waffeln herein und gingen dort mir auf die Nerven. Ich bin sie erst wieder losgeworden, nachdem ich ihnen einen Tüte Chips dafür geboten hatte, dass sie wieder im Innenhof lärmten. Daraufhin hatte ich für etwa eine Stunde Ruhe, dann kamen sie mit Mars-Riegeln zurück in die Wohnung. Verdammte Inflation! Ich hatte leider nichts mehr dagegenzuhalten. Aber letztlich hat man sich so halt arrangiert.

Aber nun wildes Gekeife und Geschimpfe. Ich schaute auf die Uhr: drei Uhr nachmittags. Da dürfen Kinder draußen Krach machen, so viel sie wollen. So sind die Gesetze. Ich teilte ihnen das mit, improvisierte rasch noch ein Gesetz, das es streng untersagt, Eltern bei der nachmittäglichen Arbeit zu stören, und schickte sie mit diesem neuen Wissen wieder raus zum Ballspielen. Wenn die böse Frau sich wieder beschwerte, sollten sie ihr einfach sagen, dass sie ja eine Petition bei change.org oder Facebook gegen die Gesetzeslage ins Leben rufen könne, da hätte sie sicherlich beste Chancen, das Ärgernis zu beseitigen – wie bei jeder anderen Petition, die bei change.org oder Facebook ins Leben gerufen wird. Und dann hätte sie wenigstens was zu tun. Alternativ könnte sie ja auch einfach das Fenster schließen.

Dem bald darauf aus dem Hinterhof schrillenden Geschrei nach zu urteilen, wurde mein Vorschlag von der Dame abgelehnt. Und zwar, ich traute meinen Ohren kaum, mit Verweis auf die Hausordnung, nach der das Ballspiel im Hof verboten sei. Ich erhielt eine Mail von Freund Robert Rescue, der zwei Stockwerke über mir wohnt, ebenfalls den ganzen Tag über am Computer sitzt und damit sozusagen im Innenhof immer live dabei ist. »Was ist denn jetzt los?«, fragte Robert per Mail. »Ist das jetzt die Gentrifizierung? Haben wir einen neuen Blockwart? Beschweren sich die Hipster über spielende Kinder?«

Es waren aber gar nicht die Hipster, sondern es war die alte, schratige, bösartige Frau aus der türkischen Community, die kürzlich aus Hessen hierhergezogen war. Scheiß Integration. Können diese Ausländer sich nicht gefälligst so benehmen, wie wir das von ihnen erwarten? Ununterbrochen herumlärmen in ihrer südländischen Lebensfreude, mit lauter Musik und lautem ausländischem Geschnatter, und sich einen Dreck um Regeln oder so etwas wie nachbarschaftliche Ruhe scheren, wie die urdeutschen Spießer sie sich wünschen? Aber nein, ausgerechnet an unserem Hinterhof wohnte jetzt also Frau Gauland höchstpersönlich. Quatsch: Frau Güland, natürlich. Und die schrie aus vollem Halse: »Ich werde mich bei der Hausverwaltung beschweren, wenn ihr weiter hier Ball spielt! Sagt das eurem Vater gefälligst!« Jetzt musste ich doch etwas lachen. Sie wollte sich bei der Hausverwaltung beschweren! Ganz so gut war sie offensichtlich doch nicht integriert. Beschwerden bei unserer Hausverwaltung Z.B.-Immobilien entfalten nämlich traditionell eine noch größere Wucht als Petitionen auf change.org oder bei Facebook. Wir sind hier ja schließlich nicht in der Türkei, wo vermutlich auf jede Lärmbeschwerde sofort die Häscher loseilen, um die störenden Elemente wegen Terrorpropaganda einzukerkern. Bei Z.B.-Immobilien dagegen würde nicht mal jemand loseilen, wenn wegen tatsächlichen Terrors das Haus in die Luft gesprengt würde. »Wir sehen keinen unmittelbaren Handlungsbedarf«, würde man höchstens von einem der Mitarbeiter hören. »Ich habe den zuständigen Kollegen schon verständigt, der wird sich sicher bald bei Ihnen melden« vielleicht, oder auch: »Die Hausmeisterserviceagentur wird die Sache beizeiten mal in Augenschein nehmen.« Das konnte Frau Güland natürlich nicht wissen, sie kannte halt die Berliner Leitkultur noch nicht und glaubte daher, dass sich hier irgendwer um Beschwerden scheren würde.

»Ja, machen Sie das!«, rief ich ihr daher hoch. »Das ist eine ganz ausgezeichnete Idee! Beschweren Sie sich direkt bei der Hausverwaltung! Und damit sich das auch richtig lohnt, spielen die Kinder jetzt schön weiter Ball hier draußen. Schreiben Sie alles genau mit! Das ist ganz wichtig für die Hausverwaltung. Die wollen hinterher exakt wissen, wann was im Hof passiert ist, das müssen Sie unbedingt lückenlos dokumentieren!

Und dann schreiben Sie bitte noch: Die beschwerdeführende Mieterin ist vom abzumahnenden Mieter unflätig beschimpft worden!« Frau Güland schaute irritiert zu mir nach unten.

Da ging im Haus gegenüber ein Fenster auf, eine andere Frau schaute heraus und begann unflätig zu schimpfen. Jedenfalls klang es so, verstehen konnte ich es nicht, weil sie auf Türkisch schrie und zeterte. Au weia, dachte ich, jetzt sind die deutsch-türkischen Beziehungen aber endgültig am Tiefpunkt. Jetzt habe ich alter Multikulturalist die gesamte türkische Community des Weddings gegen mich aufgehetzt.

Ich wollte gerade zu einer Rechtfertigung gegenüber der immer noch wüst zeternden neu Hinzugekommenen ansetzen, da knallte zu meiner Überraschung Frau Güland ihr Fenster zu und verschwand so wütend vom Schauplatz wie Alice Weidel aus einer ZDF-Talkshow. Die Frau von gegenüber grinste und rief mir fröhlich zu: »Ich musste da mal kurz ein wenig aushelfen. Sie hatten nämlich leider die unflätigen Beschimpfungen vergessen, über die die alte Hexe sich in ihrem Schreiben an die Hausverwaltung beschweren soll. Es soll sich ja schließlich auch lohnen, wa? So, und jetzt schicke ich mal *meine* Kinder raus zum Ballspielen! Und dann wollen wir doch mal sehen!«

So donnerten in den folgenden Stunden also zwei Bälle und gleich fünf Kinder durch den Innenhof. Als ich mich zufrieden wieder an meinen Schreibtisch setzte, war schon eine Mail von Robert eingegangen: »Sag der Tante doch bitte, dass sie in ihrem Beschwerdebrief auch noch mal auf die kaputte Treppenhausbeleuchtung hinweisen soll. Ich habe die Hausverwaltung schon dreimal angemailt deswegen, aber die reagiert einfach nicht.«

»Na, du bist ja wirklich ein unverbesserlicher Optimist«, schrieb ich Robert zurück.

Wahrscheinlich ist die Sache dann so weitergegangen: Die böse Frau Güland hat Brief um Brief an die Hausverwaltung geschrieben und selbstverständlich keinerlei Reaktion erhalten. Schließlich hat sie aufgegeben und mir aus Rache das Türschloss mit Sekundenkleber ruiniert. Immerhin: So hat sie gelernt, kleinere Probleme gleich mal selbst in die Hand zu nehmen. Dieses furchtbare Recht-und-Ordnung-Denken hätten wir ihr also schon mal erfolgreich ausgetrieben. Vielleicht wird ja doch noch eine ordentliche Berlinerin aus ihr.

MIKROKOSMOS

Frank Sorge

Als es in der Wohnung nun wirklich nichts mehr gibt, was die Kinder nicht einmal in die Hand genommen und mit Schwung im Zimmer umverteilt haben, gehen wir auf den Spielplatz. Ich kann den Wedding auch nicht ewig von ihnen fernhalten, sie müssen lernen, sich durchzusetzen. Das Chaos auf dem Spielplatz im Brennpunkt, das wird sicher eine harte Schule, überlege ich auf dem Weg. Ein erster Brutkessel aus Verwahrlosung, sozialer Härte und dem Recht der Straße.

Vor Ort eine gewisse Ernüchterung. Die anderen Kinder fragen nach, bevor sie etwas von unseren Buddelsachen ausleihen. Sie bringen es sogar zurück. Ältere Fußballrowdies wechseln umsichtig den Spielort, wenn Kleinkinder in die Schussbahn krabbeln. Auf dem Trampolin fragen sie höflich nach, ob sie jetzt springen dürfen. Wenn das ein Weddinger Mikrokosmos sein soll, weiß ich auch nicht. Das wäre doch etwas ungewohnt hoffnungsfroh.

Während meine Zwillinge also gut integriert mit Plastikschaufeln angraben, kann Papa ja mal den Blick schweifen lassen. Als Vater auf dem Spielplatz zwischen all den Müttern, da hört man einiges, soll das Flirtpotenzial ja groß sein. Eine erste Sichtung offenbart überraschend Väterüberschuss. Alles voll mit ansehnlichen, kurzärmeligen Männern, die zärtlich mit ihren Kindern herumtollen, da komme ich nicht gegen an oder müsste mich zu sehr umorientieren. Viele Eltern sind auch gemeinsam da, die Angeber. Also mal kurz das Handy gezückt, um nach Pokémons zu schauen, aber, herrje, nicht mal Pokémons gibt es hier.

Muss ich mich also doch mit den Kindern beschäftigen, weswegen ich ja eigentlich hier bin. Mein Sohn hat sich gerade eine Buddelform des Kindes nebenan geschnappt und wandert unauffällig damit zu unserem Platz zurück.

Böse Blicke der Nachbareltern, natürlich hat er nicht gefragt.

»Er kann ja noch nicht sprechen«, sage ich beschwichtigend.

»Das ist ein Grund, aber keine Entschuldigung«, sagen sie und schütteln den Kopf über mich. Der hat sein Sorgerecht wohl im Lotto gewonnen, denken sie, die armen Kinder. So jung und schon auf der Verliererstraße.

»Bring mal das Förmchen zurück, das gehört nicht uns«, sage ich ermahnend zu meinem Sohn. Ganz so schnell will ich mich nicht geschlagen geben. Dass sie als Einjährige noch nicht unsere Sprache sprechen, ist nicht ungewöhnlich, aber ich vermute schon länger, dass sie hingegen längst alles verstehen. Höchstens noch Probleme haben, die Zusammenhänge zu begreifen.

Da mein krimineller Nachwuchs noch nicht reagiert, wiederhole ich mein Ansinnen: »Gib das mal dem Kind zurück, es ist seins.«

Verstanden hat er es wohl, so vermute ich, die Begründung scheint aber noch nicht überzeugt zu haben. Dass meine Worte angekommen sein müssen, weiß ich spätestens seit gestern Abend beim Fernsehen.

Meine Tochter entwickelte zum Ende der *rbb-Abendschau* das Experiment, Personen auf der Mattscheibe zu küssen, wie die Moderatoren und Ulli Zelle bei der Außenreportage. Problematisch wurde das nur, als die aktuelle Wahlwerbung nachkam. »Hör auf, nein, *nicht* Frank Henkel!«, rief ich und stürmte zum Fernseher. Ein kurzes Innehalten der Tochter, ein spöttisches Lächeln, dann machte sie es extra emphatisch. Diese Bilder bekomme ich nie mehr aus dem Kopf. Ich bin mir ganz sicher, dass sie mich verstehen.

Da ich nun doch mehrfach auf das Förmchen zeige und Aufforderungen wiederhole, wirft mein Sohn es einfach weg. Es ist auch schon ganz abgeschabt und armselig, was die Eltern da ihrem Kind noch als Buddelzeug zumuten, eine gute Entscheidung, jedes Interesse daran zu verlieren. Ich gebe es den Nachbarn mit angemessenen Worten der Entschuldigung zurück: »Kommt nicht wieder vor.«

Aber ich habe nicht mit seiner Schwester gerechnet, die klar erkannt hat, dass das zurückgebrachte Förmchen ein ganz besonderer Fokus allgemeinen Interesses war. Sie es also jetzt haben muss und zwar ganz für sich allein.

Mit der Gewandtheit einer Juwelendiebin entreißt sie es der glücklichen Nachbarfamilie und macht die Fliege. Weit kommt sie nicht, da schnell andere Kinder zur Hand sind, die mit Selbstjustiz das Unrecht auf dem Spielplatz ahnden und das Buddelzeug rückführen.

»Kommt, Kinder«, wir gehen nach Hause«, sage ich. Wir packen mit hängendem Kopf die Sachen und lassen uns demütig mit versandeten Apfelstücken bewerfen vom wütenden Mob, der unsere Flucht bejubelt.

»Verzieht euch, ihr Gauner!«

An der nächsten Straßenkreuzung dann großes Auflachen unsererseits. Sowohl Sohn als auch Tochter ziehen von überall her aus dem Wagen neue Beute hervor, Schaufeln, Bälle, ganze Eimer, auch Papa kann mit einer halb vollen Schachtel Gauloises Blau glänzen, die dem Vater nebenan wohl aus der Arschtasche gerutscht sein muss. Fröhlich rauchen wir und ziehen lustig pfeifend heimwärts in unsere Räuberhöhle.

KAPITEL 4

Berlin gaga

DIE YOGAKRIEGE VOM FRIEDRICHSHAIN

Volker Surmann

Gretl Baripada ist verzweifelt. Seit dreiundzwanzig Jahren betreibt die Endfünfzigerin mit rotem Haar ihre Yogaschule am Petersburger Platz in Friedrichshain. *Haridwar* heißt sie, wie die Stadt am heiligen Fluss Ganges.

Ein Radfahrer hat sie angefahren, abends nach dem Abschließen ihrer Räume, offenbar mutwillig. »Der Fahrer war vermummt! Ich weiß nur noch, es war ein Hollandrad!«

Ein komplizierter Splitterbruch im Fuß war die Folge. Vier Wochen musste Baripada alle Yogakurse absagen, nun quält sie sich wieder auf die Matte. Trotz Krücken, trotz Gips, trotz der vier Schrauben im Mittelfuß, ein paar treue Kundinnen halten zu ihr.

»Aber das reicht nicht«, seufzt die engagierte Yogalehrerin. »So habe ich keine Chance!« Sie stellt sich demonstrativ in die Baum-Haltung. Der Gipsfuß zieht am Gleichgewicht, Gretl Baripada fällt um. Ein gefällter Baum im Friedrichshain.

Der Kiez um den Petersburger Platz wurde erst spät von der Aufwertungsspirale erfasst. Inzwischen reihen sich auch hier engagierte Burgerbuden, Hipstercafés mit Sperrholzmobiliar und Biomärkte aneinander. Mit der Gentrifizierung kamen die Yogastudios. Und die Konkurrenz. Vier Neueröffnungen machten den angestammten Anbietern das Leben schwer.

»Immer häufiger fragen Menschen nach Probetrainings und vergleichen die Preise«, erklärt Swantje Talweiler vom

Yogastudio Fröhlicher Sonnengruß. »Wo kriege ich am meisten Entspannung für das wenigste Geld?«

Der Markt ist zu schnell gewachsen, ein erbitterter Preiskampf die Folge. »Und dabei steigen doch die Mieten!«, stöhnt Talweiler. Das *Yogastudio Stern & Kreis* traf es als Erstes. Das Haus verkauft an eine belorussische Investorengruppe, Mieterhöhung, sinkende Kursgebühren. Der Traditionsbetrieb musste schließen, da half auch nicht die demütige Kniehaltung. Heute ist in dem Ladenlokal eine Manufaktur für veganes Biokatzenfutter. Der Laden brummt.

Die beiden Yogalehrerinnen berichten von Sabotageakten. Es begann mit Negativbewertungen auf Onlineportalen wie Yelp. Gretl Baripada zeigt einen Ausdruck: »Der Kurs ist langweilig, die Lehrerin eine angestaubte Kräuterhexe, und die Yogamatten riechen nach alten Fürzen.« Baripada steigen die Tränen in die Augen. Swantje Talweiler weiß Ähnliches zu berichten: »In einem Onlineforum wurde allen Ernstes behauptet, wir würden im Morgengruß statt der Kobra das Krokodil lehren. Was für ein Schwachsinn!«

Es blieb nicht bei Online-Mobbing. Das drei Jahre alte *Yogazentrum Körperklang* am Bersarinplatz firmierte vier Tage unbemerkt als *Yogazentrum Körperklaus*, bis gackernde Schulkinder die Betreiberin auf die arglistige Fälschung aufmerksam machten. »Das waren Profis«, schimpft Babette Chicorée. Swantje Talweiler bekam sogar Besuch vom Staatsschutz, da Unbekannte ihre Einrichtung über Nacht ins *Yogastudio Fröhlicher Hitlergruß* verwandelt hatten. »Hitler mag zwar Vegetarier gewesen sein«, schimpft die gelernte Heilerzieherin, »aber Yoga hat er nie gemacht!«

Seit »die Neuen« aufgemacht hätten, sei es unerträglich geworden, sind sich die Betreiberinnen einig. »Die Neuen«, das ist vor allem der *McYoga-Tempel* in der Kochhannstraße.

Auf dem Weg dorthin kommen wir an einem Kiosk vorbei. *Spätkauf Yoga* besagt die Leuchtreklame. Wir fragen nach.

»Früher hießen wir *Spätkauf 2*«, erklärt Murat, der junge Verkäufer. »Aber Chef meinte, muss in diesem Kiez Yoga heißen, fürs Geschäft.« Und wenn mal wirklich jemand nach Yoga fragt? »Sag ich, is' türkischer Name und Zwillingsschwester von Frau vom Chef: Yüksel und Yoga.« Er grinst. »Haben aber mehr Umsatz!« Er zeigt auf einen probiotischen Vitamindrink auf Grünteebasis in den Geschmacksrichtungen Cranberry-Dill, Spinat-Pfirsich und Radieschen-Kakao-Basilikum. »Läuft total gut das Zeug. Oder kauf Schokolade: Yogarette.« Er lacht.

Der *McYoga-Tempel* nimmt die ganze Etage über *Denn's Biomarkt* in der Kochhannstraße ein. Helle Räume, der beherrschende Farbton ist Bambuslaminat. Eine Anna-Lena macht uns mit den Angeboten der »Yoga-Profis« vertraut: »Business-Yoga-Workout«, »Turbochillen beim Poweryoga« und »aufregende Adventure-Ayurveda mit Inklusiv-Smoothie und After-Party«. Sauna, Massage und »Feetology« runden das Angebot ab.

»Feetology?« Ja, sagt Anna-Lena, im Prinzip Fußpflege, aber für eine jüngere Zielgruppe. Auch Businesspunks haben Hornhautprobleme. Anna-Lena ist Pharmaziestudentin im dritten Semester, aber die Kursleiter seien »voll die Yoga-Experten«.

McYoga funktioniert nach dem Franchise-Prinzip. Kursleiterschulungen finden im *McYoga-Ashram* in Wolfenbüttel statt. Drei Wochen dauert so eine Ausbildung. Illian hat sie absolviert: Freimütig erzählt der Bulgare, wie er einst als Bauhelfer bei der *Mall of Berlin* wegen eines Wirbelekzems gekündigt wurde. Mit Yoga hatte er in Bulgarien nie zu tun, inzwischen ist er Feuer und Flamme: »Endlich bekomme ich mal Mindestlohn, toller Job. Und viele heiße Chicks in Leggins.«

Gretl Baripada kann darüber nur lachen. Sie ist Yogalehrerin vom alten Schlag. Ausbildung in Rishikesh, einem Vorort vom Himalaja, dort lernte sie auch ihren Mann Shanti kennen, der im Prenzlauer Berg die nepalesische Suppenküche *Kathmansoup* betreibt. Kurz nach der Wende eröffnete die gebürtige Ingolstädterin ihre Yogaschule in Ostberlin, als erste am Platz. »Bei den Ossis bestand ja Nachholbedarf an spiritueller Erneuerung.« Ganz im Geiste Willy Brandts sieht sie sich als Pionierin der Entspannung zwischen Ost und West.

Ganz anders im *McYoga*. Markus Brettschneider ist CEO der *McYoga AG*. Die Besitzverhältnisse sind unklar, eine Tochterfirma von *Rocket Internet* der Samwaer-Brüder soll Anteile besitzen: Yoga ist Wachstumsbranche. Brettschneider spricht von Lifestyle-Management und Zielgruppen-Monitoring. Friedrichshain sei ein ideales Umfeld für Wellness-Investment und eine wachsende Work-Life-Rendite: »Wir gehen dorthin, wo unsere Klientel ist: frustrierte und überarbeitete Akademikerinnen.« Die angestammten Anbieter betrachte man nicht als Konkurrenz. Ob er von dem Attentat auf Gretl Baripada und den Sabotageakten gehört habe? Kein Kommentar.

Zurück in der Yogaschule *Haridwar*. Ein Stein ist durchs Fenster geflogen. Scherben verteilen sich auf Yogamatten, einer Durga-Statuette sind drei von acht Armen abgebrochen. Gretl Baripada ist fassungslos. »Das war einer von den anderen Studios«, ist sie sich sicher. »Schauen Sie, das ist kein normaler Kiesel! Das ist ein Heilstein aus Jade!«

Der Yogakrieg im Friedrichshain geht weiter. Nichts deutet auf Entspannung hin.

DAS ORAKEL VOM KIEZ

Frank Sorge

Im Spätkauf beklagte ich mich über die nahende Weltmeisterschaft.

»Ey, kennst du das Orakel, Mann?«

»Welches Orakel?«

»Der ist voll berühmt, Mann, Heinzi, Alter. Beste Fußballorakel der Welt, Alter, meine Kumpels ausm Wettbüro sind ständig da.«

Um einen Orakelspruch zu erlangen, müsse ich gen Norden aufbrechen, erklärte er, hoch in den Rehbergen liege Heinzis Tempel. Ich solle mich dort mit einem Kasten Schultheiss vorstellen, meine konkrete Frage äußern und den Weg täglich wiederholen. So schulterte ich am nächsten Tag einen frischen Kasten aus dem Supermarkt und begann den Aufstieg. Bald schon sah ich auf der Straßenseite gegenüber noch jemanden sich mit Pilsetten abschleppen, je näher ich Heinzis Adresse kam, desto mehr wurden es. Ich gelangte erschöpft zu der Hinterhofeinfahrt und stellte mich in die Schlange der Bittsteller.

Über dem Eingang war ein Schild angebracht, auf dem stand: »Verbrenne dich selbst«. Dahinter fand sich eine Art Empfangstresen, an dem eine Frau mit violetter Dauerwelle und halb leerer Biertulpe wartete: »Hab Se hier noch nich' jesehen, junger Mann, ham Se dit Bier?«

Ich reichte ihr die Kiste, die sie anerkennend entgegennahm. »Jut, dann brauch ick noch Ihre Frage.«

Ich grübelte immer noch über die Formulierung. Fußball interessierte mich ja nicht die Bohne, es gab auch kein konkretes Wettgeschehen, an dem ich mich beteiligen wollte.

»Machen Se't nich' so kompliziert, Heinzi mag keine Nebensätze.«

Das Einzige, was mich persönlich ja umtrieb in Sache der kommenden Weltmeisterschaft: wann die deutsche Mannschaft ausscheiden würde. Wann wieder Leute zu den Lesungen kommen würden, wann sie die Fähnchen zu Boden schmeißen und sich hastig die Farben von der Wange wischen würden – wann ich endlich im Tränenfluss der Verlierer baden konnte.

»Ich möchte wissen, in welcher Runde die deutsche Mannschaft aus dem Turnier fliegt.«

»Sachte, sachte«, sie pustete einen Nikotinatompilz in die Luft. »Dit is' suggestiv, so kann ick dit nich' uffschreiben.«

»Suggestiv?«

»Na ja, ›wann se rausfliegen‹ heißt ja schon, dass se rausfliegen.«

»Okay, wie weit kommen sie im Turnier?«

»Brasilien?«

»Äh, wie bitte?«

»Wie weit? Brasilien! Ick will Se nich' verscheißern, gucken Se nich' so, ick will, dass Se präziser werdn, sonst bekommen Se von Heinzi vielleicht 'nen Orakelspruch, der den Uffwand nich' lohnt. Gloob'n Se mir, Se wären nich' der Erste, der hier später rumheult. Ick will Ihnen nur helfen, meen Ratschlag wäre, fragen Se einfach, ob die Deutschen jewinnen.«

»Einverstanden.«

Die Kneipe *Zum Delphin* nebenan war die erste Anlaufstelle für die erschöpften Anwärter. Ich war mittlerweile eine Woche lang jeden Tag mit einer Kiste Schultheiss in die Rehberge hinaufgestiegen und machte es mir auch zur Gewohnheit, mich danach im *Delphin* zu erholen.

Hier erfuhr ich, dass Heinzi selbst sich im Seitenflügel befand, in einem dahintergelegenen Hof mit Garten. Jutta am Empfang lebte mit im Haus und bildete insgesamt Priesterschaft, Verwaltung und Logistik des Ortes. Ob es an einem Tag überhaupt einen Orakelspruch gäbe, würde anhand eines Omens entschieden. Sie kippte jeden Mittag ein Bier über Heinzis Dackel. Sträubte der sich und schüttelte die Flüssigkeit aus dem Fell, gab es keinen Orakelspruch. Blieb er aber gelassen und schleckte die Pfütze vom Boden, stellte sie Heinzi eine der Fragen.

Die WM rückte bedrohlich nahe. Jutta hatte mir ein Zeichen gegeben, dass es heute so weit sein würde. Der Dackel hätte die Pfütze geschleckt. Zu meiner Verwunderung brachte sie mich aber nicht direkt zu Heinzi, sondern in eine Wohnung im ersten Stock. Er wäre sehr sensibel gegenüber Fremden, sodass sie die Frager nicht direkt mit ihm kommunizieren ließe. Ich solle dort das Fenster öffnen und ein Handtuch drauflegen, mich mit den Ellenbogen aufstützen und den Vorgang ruhig verfolgen. Nichts sagen, keine plötzlichen Bewegungen. Heinzi würde das Fenster höchstens aus den Augenwinkeln wahrnehmen und den Schemen für die alte Frau Weimar halten, die hier jahrzehntelang gewohnt hat.

Ich tat wie geheißen und sah in den Hof. Sommergrün leuchtete, Efeu rankte, Büsche wuchsen, Windspiele klimperten. Es war alles da. Ein breiter, weißer Tisch, darauf ein runder Aschenbecher mit Drehdeckel, ein Tablett mit Getränken, Kühlbehälter, eine Schale mit Knabberzeug, ein Ventilator, Beistelltisch mit Kompaktanlage. Und mittendrin das Orakel selbst, eine stattliche Menschenkugel im Unterhemd, in einem bequem gepolsterten Gartenstuhl. Heinzi hielt ein Weizenglas in der Hand und trank es mit einem Schluck bis zum Boden leer. Eine Tür im Hof öffnete sich, und ich bekam Einblick in Juttas ausladendes Dekolleté, das sie in einem Badeanzug in den Garten trug.

»Na, Dicker«, sie patschte ihm auf den Oberschenkel, »jib mir mal Baileys, ick brauch wat Süßet.«

»Jing mir ooch so«, sagte Heinzi, »aber dann bist du ja jekommen. Hähähähä ... Komm, wir roochen mal wat Jutet.«

Die Zigarettenschachtel ließ er liegen und zog stattdessen einen Joint bemerkenswerten Umfangs aus einer Herrenhandtasche. Beide pafften einvernehmlich, dann drehte Heinzi auf, erst das Radio mit Schunkelmusike und sogleich Jutta im flotten Walzerschritt. Sie tranken noch mehr, rauchten wieder, holten Flaschen nach, kopulierten schließlich im Stehen, legten die Beine hoch. Da fragte Jutta: »Du, Heinzi, wat meenste, jewinnen die Deutschen bei die WM?«

Selbst die Vögel im Baum schienen zu verstummen, meine Ohren bildeten gigantische Trichter, das Orakel würde sprechen.

»Jewinnen?«, fast drohte Heinzi vom Liegestuhl zu purzeln, aber er rappelte sich hoch, »*Verlier'n!* Verlier'n wer'n se, se werden alle verlieren.«

Das reichte mir nicht. Ich musste handeln, wenigstens als Frau Weimar. »Na, aber *wann*?«, mischte ich mich mit verstellter Stimme ein, Jutta sah sich erschrocken um.

»Ob Se det noch erleben, Frau Weimar, da würde ick nich' druff wetten.«

»Aber es geht doch schon zu Ende mit mir!«, legte ich nach.

»Freuen Se sich mal nich' zu früh!«

Arme griffen mich von hinten und zogen mich vom Fenster. Ich hörte noch, wie »Tanze Samba mit mir« im Radio aufspielte und Heinzi lüstern rief: »Komm uff meen Schoß, da is' wat los«.

Die zwei jungen Männer, eindeutig seine Sprösslinge, lösten ihren Griff erst, als ich vor der Tür saß. Ihre Blicke gaben mir unmissverständlich zu verstehen, dass ich keine zweite Gelegenheit bekommen würde. Aber ich überlegte ohnehin schon, in welches Land ich auswandern konnte. Denn die naheliegende Interpretation des Orakels war ja: sie würden erst bei der nächsten WM in vier Jahren verlieren. Also jetzt gewinnen.

Es blieb die letzte Hoffnung, Heinzi missgedeutet zu haben. Das erwartete man ja von einem Orakel, das alles möglich blieb. Auch von einem im Weddinger Kiez.

EIN HIMMLISCHES GESPRÄCH

Robert Rescue

»Guten Abend, liebe Zuschauer von *AstroTV*. In meiner heutigen Sendung aus der Reihe ›Im Kontakt mit dem Schutzengel‹ begrüße ich jetzt am Telefon Kathrin aus Berlin-Wedding. Hallo Kathrin, hier spricht Salamanda, Channelöffnerin für den Kontakt mit dem Schutzengel. Was kann ich für dich tun?«

»Ja, hallo. Ich wollte wissen, ob mein Schutzengel mit mir zufrieden ist, also, ob ich mich korrekt im Leben verhalte, damit er nicht Stress mit mir hat.«

»Ich verstehe. Gut, dann werde ich jetzt den Kontakt aufbauen und nachfragen. Ich bitte um eine Sekunde Geduld und Ruhe, damit ich mich konzentrieren kann.«

Eine Art Telefon klingelt.

»*Müller. Abteilung A bis F, Deutschland. Was gibt es?*«

»Also, liebe Kathrin, ich habe jetzt Kontakt zu deinem Schutzengel aufgebaut.«

»*Du schon wieder. Das ist jetzt der zwölfte Ruf in dieser Woche. Was glaubst du, mit wem du hier sprichst? Mit der Auskunft etwa?*«

»Dein Schutzengel bedankt sich für das Channeling und fragt nach deinem Begehr. Ich habe es ihm bereits mitgeteilt.«

»*Kathrin Maibach? Woher soll ich das wissen? Zwölf Mal hast du mich diese Woche schon angerufen, und zwölf Mal habe ich dir gesagt, dass du die falsche Nummer gewählt hast. In der Regel wollen die Menschen nicht wissen, was ihre Schutzengel machen, beziehungsweise sie glauben nicht einmal an uns. Also erledigen wir* in Ruhe unsere Arbeit und werden nicht ständig abgelenkt durch irgendwelche Channelingtanten, die für irgendeine x-beliebige Person erfragen möchten, ob ihr Schutzengel dies und das macht und überhaupt, wo kommen wir denn da hin?«

»Dein Schutzengel, liebe Kathrin, ist gerade etwas im Stress. Wir werden etwas warten müssen, bis er sich voll und ganz auf dich einstellen kann.«

»Wie heißt er eigentlich?«

»Er heißt Laramala.«

»Ich heiße Walter, verdammt noch mal! Nicht Laramala und auch nicht Besidian, Gabriel oder Hesekiel, wie die letzten Male. Einfach Walter. Und außerdem bin ich nicht ihr Schutzengel. Zwölf Mal diese Woche habe ich das schon gesagt, und offenbar raffst du das nicht. Du hast doch echt den Arsch offen! Aber okay, ich bin ja ein Engel und daher friedfertig, nicht wahr? Verdammte Scheiße! Also komme ich jetzt mal runter, denke mir: Ein letztes Mal noch, und dann herrscht Ruhe, einverstanden? Ich schaue jetzt mal, wer denn für Kathrin Maibach zuständig ist.«

»Dein Schutzengel ist gleich bei dir, liebe Kathrin. Er wird dich fürsorglich in die Arme nehmen und über dein Leben, deinen Alltag wachen, damit dir nichts zustößt.«

»Ja, ich glaube, ich spüre ihn schon. Laramala, o du mein Engel.«

»Ich heiße Walter, das habe ich schon gesagt! Liste Ma bis Mi ... Ach, du Scheiße ... Bernd. – Weiß jemand von euch, wo Bernd ist? Manfred? Holger?«

»Ich glaube, er sitzt in der Kneipe und säuft sich zu. Hat wieder seine Depressionen, weil er nicht zurechtkommt mit seiner Klientel. Am besten, du rufst ihn aufm Handy an.«

Ein Geisthandy klingelt.

»Bernd? Bist du dran?«

»Es ist alles so schrecklich. Ich bin an allem schuld. Ich hätte nicht Schutzengel werden, sondern weiter Harfe spielen sollen. Tag-

ein und -aus und nicht diese Verantwortung, der ich nicht gewachsen bin. 25 sind letzte Woche hochgekommen, weil ich der Verantwortung nicht gewachsen bin. Ich bin ein Versager.«

»Äh, Salamanda, wann erfahre ich denn Näheres über meinen Schutzengel? Ich spüre ihn zwar irgendwie, aber weiß immer noch nicht, ob er mit mir zufrieden ist. Um ehrlich zu sein, mir wird das Telefonat langsam zu teuer.«

»Geduld, liebe Kathrin. Der Kontakt mit einem Schutzengel braucht Zeit. Gleich wird er dir sagen, was du wissen willst.«

»*Bernd, was weißt du über Kathrin Maibach: Deutschland, Berlin-Wedding? Ich habe hier wieder so eine Channeling-Tante am Ruf, und die will wissen, na ja, ob du zufrieden bist ... ob du den Job ... na ja, wie soll ich sagen ... gut machst?«*

»*Da muss ich nachschauen im Buch ihres Lebens. Ach, die Kathrin aus dem Wedding. Eine unglückliche Person. Arbeitslos, beziehungslos, kinderlos und wohnhaft im Wedding mit 38 Jahren. Ein schweres Schicksal für eine so junge Frau. Sie steht am Küchenfenster, schaut in den trostlosen Hinterhof, während sie telefoniert, um zu erfahren, wer ihr Schutzengel ist. Draußen stürmt es, und gleich wird der Baum im Hof entwurzelt und schlägt in das Küchenfenster ein. Ach, verdammt, ich hatte mir sogar 'ne Notiz gemacht, dass ich da sein muss. Na, jetzt ist es auch egal. Ich bin dieser Verantwortung einfach nicht gewachsen. Ich kriege das nicht hin. Kalle, machste mir noch ein Bier?«*

»Kathrin, bist du noch dran? Ich hörte gerade so ein lautes Geräusch bei dir, das mir Angst macht. Kathrin? ... Nun, offensichtlich hat Kathrin aufgelegt, da sie mit ihrem Schutzengel glücklich und zufrieden ist. Morgen bin ich wieder für Sie da und stelle für Sie den Kontakt zu Ihrem Schutzengel her. Bis dahin alles Gute und weiterhin beste Beratung bei *AstroTV*!«

ALS ICH FAST MAL REICH GEWORDEN BIN

Thilo Bock

Ich habe Oma im Heim besucht. Nachdem wir über früher geredet hatten, schwenkte sie das Gespräch Richtung Zukunft, indem sie sagte, dass sie mir nicht viel vererben könne, sie hätte nämlich alles verloren.

»Was?«, rief ich überrascht. »Wieso das denn? Ich dachte, dein Geld liegt auf der Sparkasse?! Damit läuft man doch nicht herum.«

»Bin auch nicht damit rumgelaufen«, sagte Oma verärgert. »Ich habe es beim Hütchenspiel verloren.«

»Beim Hütchenspiel?!« Ich konnte es nicht fassen. »Was machst du für Sachen? Jeder weiß inzwischen, dass man da abgezockt wird!«

Oma schüttelte sanft den Kopf. »Die, die hier abzocken wollte, war ich. Früher, als junges Mädchen, habe ich das auch gemacht, um mein Taschengeld aufzubessern, damals auf dem Hinterhof. Die Jungs haben mir immer in den Ausschnitt gestarrt. Ich hatte mir dicke Socken ins Hemd geklemmt ...«

»Oma!«

»Ja, ja«, sagte Oma. »Jedenfalls bin ich nicht mehr so fix wie damals. Und, na ja, eigentlich brauche ich das Geld auch gar nicht mehr.« Auf die Bingonachmittage könne sie verzichten, und notfalls müssten ihre Angehörigen halt für ihre Arztrechnungen aufkommen.

Ich schluckte und verschluckte glücklicherweise den Hinweis auf meine Zukunft. Oma wusste trotzdem Bescheid. Sie legte ihre fleckige Hand auf meinen Unterarm und sagte, dass ihr das leidtue. »Eine kleine Hinterlassenschaft habe ich dennoch für dich, und du sollst sie jetzt schon haben. Sonst schlägt nachher bloß die Erbschaftssteuer zu.«

Oma stand auf und kramte in ihrer Truhe. Nachdem sie einige Apothekenmagazine, zwei Äpfel und ein vermantschtes Stück Sandkuchen hervorgeholt hatte, hielt sie schließlich einen Umschlag in die Höhe. Darin sei die Besitzurkunde für ein Stück Autobahn.

»Autobahn?«, fragte ich ungläubig.

»Ja«, sagte Oma, »mir gehören zehn Meter Autobahn, irgendwo bei Hannover.«

Ich war irritiert. Meiner Oma gehörten zehn Meter Autobahn! Sie kam zwar aus finsteren Zeiten, wo Autobahnen noch Teststrecken für Vergaser gewesen waren, aber sie selbst hatte doch mit so was nichts zu tun, so als normale Deutsche!

»Weißt du«, erklärte Oma, »bei einer der letzten Rentenüberweisungen musste der Staat einigen Rentnern Sachmittel auszahlen. Manch ein Alter erhielt ein paar Fahrten mit dem Dienstwagen der Sozialministerin, ein anderer einen Computer; Peter Altmaiers zu klein gewordene Anzüge lagen auch noch rum, und dann gab's eben mehrere Abschnitte Autobahn.«

Einen davon besaß nun also ich. Ich bedankte mich artig bei Oma, die konnte ja nichts dafür. Zum Abschied gab ich ihr sogar mein gesamtes Bargeld, damit sie mal wieder Bingo spielen konnte.

Zu Hause versuchte ich, Näheres über meinen neuen Autobahnabschnitt herauszufinden. Mein Stück Autobahn gehörte zur A7, die wohl auch E45 genannt wird und, aus Dänemark kommend, über Flensburg, Hamburg, Hannover, Kassel, Fulda und so weiter tief in den Süden geht, erst durch Bayern, dann nach Österreich. Die zehn Meter Asphalt lagen oberhalb von Berkhof, Berkhof mit K, der Berghof von Hitler schreibt sich mit G und ist heute ein Luxushotel in den Voralpen. Dafür gibt es unweit von Berkhof mit K eine Kolonie Adolfsglück, was immer das ist. Ich will's gar nicht wissen. Viel lieber hätte ich gewusst, wo genau mein Stück Autobahn ist, zweifelsfrei orten ließ es sich per Karte nicht, die Kilometerangabe half auch nicht weiter. Sicher war nur, dass da nichts war und zwar weit und breit, nicht einmal eine Raststätte oder wenigstens ein unbewachter Parkplatz, wo man vielleicht von sexgeilen Singles, die sich im Internet verabredet haben, Abnutzungsgebühren hätte verlangen können. Allerdings konnte ich ja *allgemein* Abnutzungsgebühren verlangen. Bloß wie? Ich beriet mich am nächsten Abend mit ein paar Freunden in der Kneipe.

Auch wenn sie das mit den zehn Metern Autobahn wohl eher für einen meiner Scherze hielten, diskutierten wir angeregt.

»Du könntest ja die Fahrbahnbegrenzungsbleche vermieten«, schlug Angelique vor. »Oder wie heißen die Dinger?«

»Bandenwerbung auf der Autobahn! Keine so schlechte Idee«, fand ich.

Georg meinte, das würde bei zehn Metern nicht viel abwerfen, schon weil alle so schnell dran vorbeirasten. Heike hatte die Idee, Geschwindigkeitsbegrenzungsschilder aufzubauen und dann alle zu blitzen, die schneller als fünfzig fahren.

»Wie soll ich denn jemals an das Geld kommen?«, fragte ich. »Die sind ja weg, bevor ich die Kasse öffne.«

»Stell eine Schranke auf!«, schlug Pascal vor. Georg gab zu Recht zu bedenken, dass die gewiss andauernd durchbrochen würde. »Das kostet nachher mehr, als es einbringt.«

Angelique brachte eine freiwillige Abgabe ins Gespräch, aber darüber wollte niemand ernsthaft diskutieren, und Pascals Vorschlag einer Mautplakette wurde wegen der Unkontrollierbarkeit sofort verworfen. »Frag doch mal beim Verkehrsminister an, wie der das machen will«, lachte Georg.

Ich hingegen wurde ernst. Schließlich gab es bereits die Maut für Lastwagen. »Da wird für das ganze Autobahnnetz bezahlt«, sagte ich, »also auch für meine zehn Meter.«

»Ja«, sagte Heike, »die müssen dir was abgeben.«

Pascal versuchte zu überschlagen, wie viel Einnahmen ich zu erwarten hätte. Es gäbe circa achthundert Kilometer deutsche Autobahn, sagte er, ob jemand wisse, wie viel Mauteinnahmen in einem Jahr zusammenkämen.

Georg sagte, er hätte mal was von 2,8 Milliarden Euro gehört. Heike zeigte sich beeindruckt. Angelique zückte einen Stift und fragte, wie viele Nullen eine Milliarde hätte. »Eine Milliarde, das sind tausend Millionen«, sagte Georg, und Heike war noch mehr beeindruckt, während Angelique eine 28 mit acht Nullen auf einen Bierdeckel malte. Das teilte sie durch 800. Pro Kilometer kommen also immerhin 3,5 Millionen raus. »Nicht schlecht«, anerkannte Pascal und sah mich an, »dann kriegste 35.000 Euro im Jahr.« Nun sah Heike mich beeindruckt an und fragte, ob ich sie heiraten wolle. Ich nickte, bestand allerdings auf Gütertrennung.

In der gleichen Nacht setzte ich ein Schreiben an das Bundesverkehrsministerium auf, in dem ich meine Ansprüche geltend machte. Einige Wochen später bekam ich ein Antwortschreiben. Mit keinem Wort wurde darin auf mein Anliegen Bezug genommen, denn es war lediglich eine Rechnung für Instandhaltungsmaßnahmen von zehn Metern Autobahn in Höhe von 40.000 Euro. Ich fand das ein wenig überteuert, wollte mich aber nicht auf Diskussionen einlassen und bot die zehn Meter Autobahn lieber bei Ebay an. Wollte leider keiner haben. Der einzige Bieter war wahrscheinlich betrunken. Sein Gebot hat er nachts um halb drei abgegeben. Die zwei Euro hat er mir sofort überwiesen.

Die offene Rechnung habe ich ihm mitsamt der Besitzurkunde per Einschreiben zukommen lassen, weshalb mich die ganze Erbschaft lediglich 2,50 Euro gekostet hat plus 22,30 Euro, die Oma beim Bingo verspielt hat. Na ja, die Zeche von jenem Kneipenabend hatte ich ebenfalls beglichen. So als Autobahnbesitzer wollte ich nicht knauserig wirken.

Und Heike will sich das mit der Heirat noch mal überlegen.

DIES IST EIN BEITRAG ZUR KRITIK EINER BERLINER SUBKULTUR, AUCH WENN ES NICHT SOFORT OFFENKUNDIG IST

Heiko Werning

Singapur, Changi Airport. Etwas steif staksen wir aus dem Flugzeug nach rund zwölf Stunden Flug. Bald geht es weiter nach Australien. In nur ... – ich seufze. Verdammte elf Stunden sind es bis dahin. So lange müssen wir an diesem Flughafen herumhängen. Das wird mühsam.

Aber erst einmal müssen wir aufs Klo. Merkwürdigerweise sind Flughafentoiletten, obschon intensiv frequentiert, eigentlich fast überall auf der Welt bemerkenswert sauber, wohlriechend und, so sehr das angesichts ihrer Funktionalität möglich ist, angenehm. Es geht also durchaus, wenn der nötige Wille beziehungsweise das erforderliche Geld da ist. Öffentliche Toiletten müssen also keineswegs so aussehen, wie das, sagen wir, in Berliner Schulen üblicherweise der Fall ist. Vielleicht sollte man den Berliner Senat einfach mal eine Woche lang zwingen, seine kleinen und großen Geschäfte ausschließlich auf den von ihm verantworteten Grundschultoiletten zu verrichten, und diejenigen der Damen und Herren, die dann noch nicht von irgendwelchen Infektionskrankheiten niedergestreckt worden sind, führen wir anschließend durch die Toiletten in Singapur, damit sie mal sehen können, wie das auch geht.

Denn die Toiletten im Flughafen Singapur sind sogar ganz besonders sauber, wohlriechend und angenehm. Sie glitzern und glänzen, sie duften und strahlen, sodass der Gedanke, einfach hier sein Badetuch auszulegen, um sich vom Berliner Alltag zu erholen, nicht völlig abwegig erscheint. Beim Verlassen dieses Wellness-Klos erblicken wir einen Bildschirm. Darauf werden wir aufgefordert, die Toilette zu bewerten. »Excellent«, »good«, »so so« und »poor« stehen zur Auswahl. Man kann auf den Touchscreen drücken, um seine Stimme abzugeben, und zum Dank strahlt einen ein großer, grüner Smiley mit Klobürste in der Hand an, mit der er uns fröhlich zuwinkt. Die Kinder sind begeistert. Wieder und wieder drücken sie auf »excellent«. Zum einen, weil sie, in der Harald-Juhnke-Grundschule im Wedding gestählt, noch nie eine so schöne Toilette gesehen haben und ihrer Begeisterung darüber unbedingt Ausdruck verleihen wollen, zum anderen, weil der grüne Klobürsten-Smiley so lustig winkt.

Ich stelle mir vor, wie irgendwo in den Tiefen des Changi-Airports die Flughafensanitäroffiziere in ihrer Kommandozentrale sitzen und auf die Bildschirme starren, mit denen sie darüber wachen, ob ihre Toiletten auch überall auf allseitige Zufriedenheit stoßen, um vermutlich sofort einen Stoßtrupp loszuschicken, wenn irgendwo mal jemand auf »so so« oder gar »poor« drückt. Sie werden gute Bewertungen gewöhnt sein, aber vermutlich wundern sie sich jetzt doch ein wenig, warum ihr Kontrolllämpchen für die Toilette am Gate 35 in Terminal C gerade rot aufglüht angesichts der zahlreichen Lobpreisungsbekundungen.

Schließlich gelingt es uns aber, die Kinder von den spektakulären Sanitäranlagen loszureißen, allerdings erst, nachdem wir ihnen versprochen haben, dass sie noch öfter hier im Flughafen aufs Klo gehen dürfen. Immerhin, da haben wir im Urlaub doch bereits am ersten Tag ein echtes Highlight geboten.

Und das war noch längst nicht alles. Ich hatte im Vorfeld gelesen, dass es einen Schmetterlingsgarten im Changi-Airport geben soll. Wir finden ihn, und es ist eine tropenhausgroße Anlage von ausgesuchter Schönheit. Auch hier sind die Kinder begeistert, und noch mehr, als sie am Ausgang einen Bildschirm entdecken, auf dem sie ihre Bewertung abgeben können. Diesmal winkt der Smiley mit einem Schmetterlingsnetz. Es folgt ein künstlicher Bachlauf, in dem Kois herumschwimmen. Daneben der Bildschirm mit der Bitte um Bewertung. Ein Smiley wedelt aufgeregt mit einem Kescher herum. Es folgt ein kleines Gewächshaus mit Orchideen. Für die bemerkenswerte Pracht der knallbunten Pflanzen haben die Kinder schon kaum noch einen Blick übrig, sie halten sofort Ausschau nach dem Bewertungsbildschirm, auf dem ein Smiley sich mit einem Blumenstrauß für das positive Votum bedankt.

Wir weisen darauf hin, dass sie sich die Orchideen doch noch gar nicht richtig angeguckt haben, aber die Kinder wollen weiter, ihrer neuen Aufgabe als Qualitätsmanager des Changi-Airports nachgehen. Und sie bekommen gut zu tun. Die Flughafenbetreiber wollen es nämlich wirklich ganz genau wissen: Nicht nur an jeder verdammten Toilette steht so ein Bewertungsbildschirm, sondern tatsächlich an jedem lumpigen Blumenkübel, an jedem Fahrstuhl, sogar neben dem Bildschirm, auf dem der Lageplan des Flughafens zu sehen ist, steht ein kleinerer weiterer Bildschirm, auf dem man die Qualität des Lageplanbildschirms bewerten soll. Mit heiligem Ernst und Eifer folgen die Kinder ihrer Mission und beurteilen alles, was ihnen in den Weg kommt. Allerdings werden sie zunehmend kritischer.

»Nein«, sagt Kiran mit skeptischer Miene, »in dem Beet hier ist die eine Blume da aber etwas mickrig, da können wir nur ein ›good‹ geben.« Auf einer Toilette liegt ein Papiertrockentuch auf dem Boden unter dem Waschbecken, die Kinder sind entsetzt und drücken mit finsterer Entschlossenheit mehrmals auf »poor«. Wahrscheinlich gehen im Kontrollzentrum sofort die Alarmsirenen los. Immer seltener lassen sich die Jungs ein »excellent« entlocken, nun finden sie überall Kritikwürdiges: Die Türen im Fahrstuhl öffnen sich viel zu langsam, das reicht nur für ein »so so«, der Kaktusgarten bekommt immerhin noch ein »good«, obwohl dort mehrere Pflanzen stehen, die gar keine Stacheln haben, wie die Kinder missmutig anmerken. Eines von diesen Personenlaufbändern ruckelt etwas, da können sie beim besten Willen leider nur ein »poor« geben.

Die rasant wachsende Mäkeligkeit aber hindert sie nicht daran, immer weiter bewerten zu wollen, nach immer mehr Bildschirmen zu suchen. Eine Schließfachanlage? Ihre Expertise ist gefragt! Und wie gut ist der Babywickelraum zu beurteilen? »Aber wir brauchen doch nun wirklich keinen Babywickelraum mehr«, gebe ich zu bedenken, aber das hält die beiden nicht ab. Eingehend prüfen sie ihn, die Ablage scheint ihnen nicht breit genug, und die Wände sind einfach nur weiß, da hätte man ja schließlich auch Tiere oder Blumen dran malen können, mehr als ein »so so« ist da leider nicht drin.

Und da, glaube ich, habe ich zum ersten Mal wirklich begriffen, warum eigentlich Poetry Slams sich in Berlin nach wie vor so ungebrochen großer Beliebtheit erfreuen. Manchmal muss man eben ganz weit wegfahren, um die eigene Umgebung richtig zu verstehen.

KAPITEL 5

The new Berlin

WEDDING FÜR ALLE

Frank Sorge

Schön biste nur, wenn die Sonne druff scheint.
Aba feucht, ooch wenn's lange nicht regnet.
Kannte dir nicht, aber hätte jemeint,
wir wär'n uns ma irgendwo begegnet.

Stehst voll mit Häusern, wo Einöde war,
und bist doch 'ne Wüste jeblieben.
Aber mit schöne Oasen drin, klar,
Kamele und Palmen und Dünen.

Nich' nur Zeit kratzt an die Häuser,
ooch Makler. Rausjeputzt wird: die Immobilie.
Blumiger Text wird von altem Charme säuseln,
am Straßenrand wächst keene Lilie.

Bisschen teurer, wem sollte dit schaden?
Draußen am Rand kannste immer noch mieten.
Haste nüscht, brauchste doch ooch keenen Laden,
dit hat so'n Ort jwd meistens zu bieten.

Dann zieht hier 'n Nachbar rin, oda
'ne Nachbarin, schnieke von fern.
Lächelt, ist höflich und manchmal ooch da,
kann man sich nich' wirklich beschwer'n.

Wat früher hier los war, ihr wolltet nicht wissen,
Dit Elend im Hausflur, an Wände zu pissen.
In die Rabatten vorn wurd' ooch jeschissen,
Müll haste einfach zu Boden jeschmissen.

Dit stank, sag ick dir, und dit klang,
mit Fahnen und Fanfare,
wenn Emma mit dem Egon rang,
besoffen früh am Tage.

Möbelrücken dann bei Güner,
Import-Export Istanbul.
Een ma hatte der auch Hühner,
ständig stand die Einfahrt voll.

Doch die Alten siehste kaum noch,
ziehen weg, oder gleich in' Keller.
In manche Ecke hocken se doch,
essen 'ne Curry oder Köfte vom Teller.

Da schaun Se sich um, denn
wer hier jetzt so rumrennt.
Und ob man, mang Fremden,
nich' doch noch wen kennt.

Aber die Menge is' unübersichtlich,
Hipster, Touristen, ooch Amis längst hier.
Schräger als Achtziger jetzt aber ooch nich',
ick meine, die trinken doch immerhin Bier.

»Wedding für alle« fänd' ick optimal,
und meine nich': Alle auf een mal.
Sondern so nach und nach noch 'n paar,
bis schöner is', als et je war.

KNOLLEN DER AMORALITÄT

Volker Surmann

Dürfen Weiße sogenannte »Afros« tragen? Sollten Dreadlocks nicht Jamaikaner*innen vorbehalten bleiben, Tattoos den Aborigines, Ricola dem Schweizer, denn der hat's erfunden? In alternativen Kreisen tobt eine Debatte um weiße Privilegien und die »cultural appropriation«.

In Berlin hat unlängst das erste Restaurant eröffnet, das darauf verzichtet und kulturell korrekte Küche anbietet. Ein Gespräch mit Marleen Jasper, Inhaberin des *Ursprung* in der Neuköllner Weserstraße.

A   Frau Jasper, was haben Sie heute auf der Speisekarte?
B   Filet vom Bachsaibling mit Meerrettichschaum auf einem Beet aus Kohlrabi, Zuckerrübenschnitzel mit Blaubeersoße auf einem Beet aus Kohlrabi sowie ein Beet aus Kohlrabi auf einem Beet aus Kohlrabi, wenn gewünscht mit Karotten-Holunder-Dressing oder karamellisiertem Lauch.
A   Würde zum Bachsaibling nicht auch 'ne Senfsoße passen?
B   Vielleicht, aber Senf erzählt, historisch betrachtet, eine Geschichte der kulturellen Aneignung aus dem altchinesischen Raum. Wie auch Pfeffer und Chili kulturelle Aneignungen sind, auf die wir in unserem Restaurant verzichten.
A   Kein Pfeffer?
B   Kein Pfeffer, nur Biosalz aus einem Salzstock bei Lüchow-Dannenberg.

A   Aus Gorleben?
B   Kein Kommentar.
A   Und was gibt's als Dessert?
B   Dessert ist, wie das Wort schon verrät, eine kulturelle Aneignung aus der französischen Feudalkultur. Die lehnen wir aus politischer Überzeugung ab. Deshalb servieren wir keine Desserts.
A   »Servieren«?
B   Äh, »reichen« wir nicht.
A   Dann brauchen wir nach Pizza wahrscheinlich gar nicht zu fragen.
B   Wieso?
A   Oder ist Pizza etwa p.c.?
B   Natürlich ist sie das. Wenn man sie in Italien isst. Aber als deutsch geführtes Restaurant, hiesigen Kunden Pizza zu reichen, ist eine kulinarische Aneignung, zu der wir nicht das moralische Recht haben.
A   Das müssen Sie erklären.
B   Was anderes wäre, wenn ein Italiener uns dazu einlädt, mit ihm Pizza zu essen. Das wäre eine kulturelle Begegnung auf Augenhöhe.
A   Ein italienisch geführter Pizzaservice ist also okay?
B   Nein. Ich sprach von »einladen«. Sobald die Pizza zur Ware wird, handelt es sich um ein ausbeuterisches System der kulinarischen Einverleibung. Stellen Sie sich mal vor, es gibt schon »Pizza American Style«! Dreister kann kulturelle Aneignung nicht laufen.
A   Wenn Ihre Haltung sich durchsetzte, würden aber reihenweise italienische Pizzabäcker arbeitslos.
B   Sie würden dann aber nicht mehr kulturell ausgebeutet. Sie wären frei. Frei, in ihre Heimat zurückzugehen, um dort ihre kulinarische Identität unbehelligt von der deutschen Aneignungshegemonie auszuleben.

A Eine Frage zu Ihren Besucherinnen und Besuchern. Wie gehen Sie damit um, wenn die sich zweifelhaften Aneignungsmoden angeschlossen haben?

B Natürlich akzeptieren wir keine Weißen mit Afro, Dreads oder Tattoos, zumindest müssen Letztere verdeckt sein, um möglicherweise anwesende Aborigines nicht in ihren Gefühlen zu verletzen.

A In linken Kreisen wird nun auch schon diskutiert, ob es statthaft ist, dass Angehörige der Oberschicht Jogginghosen tragen.

B Weil die Jogginghose natürlich ein kultureller Code der Arbeiterschicht ist, richtig. Und es ist nun mal eine Form der Herablassung, einen solchen Code aus einer privilegierten Position heraus zu kopieren. Wer in der Oberschicht aufgewachsen ist, soll gefälligst Polohemden von Lacoste tragen, das ging früher doch auch.

A Wenn Gäste bei Ihnen in Jogginghose erscheinen, was tun sie dann?

B Da lasse ich mir Einkommensnachweise vorlegen. Ohne Berlin-Pass werden die bei uns nicht bedient. Kommt allerdings nicht allzu oft vor, weil sich Angehörige der Arbeiterklasse unsere Gerichte eh nicht leisten können.

A Gibt's bei Ihnen Bier?

B Bier? Ich bitte Sie! Bier erzählt die Geschichte eines Jahrtausende währenden kulturellen Raubs! Bier ist eine Erfindung aus China, wurde dann von Mesopotamien angeeignet, dann von den alten Ägyptern, den Römern, den Kelten. Alles Kulturen, die untergingen. Und wieso? Weil sie ihrer kulturellen Identität beraubt wurden.

A Aber ist Bier nicht inzwischen auch urdeutsch?

B Quatsch! Das Reinheitsgebot von 1516 ist die historische Blutschande der kulturellen Aneignung! Pfui! Wir stellen uns entschieden gegen die Zwangsgermanisierung

	des Biers. Wer Bier trinkt, kann ebenso gut Blut trinken! Schlimmer als Bier sind eigentlich nur noch Kartoffeln!
A	Weil sie von den Spaniern aus Südamerika hergebracht wurden.
B	Was heißt »hergebracht«! *Geraubt*! Den indigenen Völkern der Anden entrissen! Kartoffeln erzählen eine Geschichte von brutalem Kolonialismus, der Extremform der kulturellen Aneignung. Kartoffeln sind eine Blutfrucht, sie sind Knollen der Amoralität! Der Siegeszug der Kartoffel basiert auf Missbrauch von Stärke!
A	Und im Winter? Was bieten Sie dann an? Die Auswahl wird dann ja ganz schön dünn, wenn sie nur traditionelle, quasi indigen germanische Küche anbieten.
B	Dann gibt's Rinde zum Ablecken. Von einer deutschen Eiche, bestrichen mit einem Film von Sanddornhonig.
A	Äh ... das klingt interessant. Letzte Frage: »cultural appropriation« ist ja ein Begriff aus dem Kontext der »white supremacy«-Debatte in den USA.
B	Richtig!
A	Haben wir als weiße Europäer dann überhaupt das moralische Recht, uns diese Debatte zu eigen zu machen?
B:	Äh ... äh ...

An dieser Stelle musste das Gespräch abgebrochen werden, da Marleen Jasper spontan implodierte.

EXODUS
Robert Rescue

Wieder einmal hat ein Filmemacher Gefallen an einem meiner Texte gefunden und sich entschlossen, das Skript zu verfilmen. Im Laufe der Zeit habe ich einige Erfahrungen damit gemacht. Manche verfilmen den Text eins zu eins und bieten mir sogar eine Rolle an. Andere arbeiten die Vorlage so massiv um, dass ich meine eigene Geschichte nicht wiedererkenne, und informieren mich irgendwann über die Premiere, an der ich dann nicht teilnehmen kann, weil ich einen anderen Termin habe.

Martin hatte am Originaltext nichts verändert und mich zu den Dreharbeiten eingeladen, allerdings nur als Zuschauer. Als ich am Set, einer Discounterfiliale in der Müllerstraße, ankomme, bin ich von den Schauspielern überrascht, bis mir dämmert, dass ich eigentlich damit hätte rechnen können. Die meisten Filmemacher hatten aus No-Budget-Gründen im Freundeskreis herumgefragt oder nahmen gleich einen Text, in dem nur ich und ein paar ahnungslose Statisten auftauchen. Martin dagegen, und das ist seit einiger Zeit anders, kann auf Schauspieler zurückgreifen, die zu buchen zuvor utopisch gewesen wäre. Neben ihm stehen Ryan Gosling und Meryl Streep, dahinter Samuel L. Jackson und Natalie Portman.

Martin kommt auf mich zu. »Schau mal, Robert, ich habe die Besten der Besten gewinnen können. Sie finden deine Story super und haben noch ein paar Gedanken dazu gehabt. Ich konnte ihr Angebot nicht ausschlagen, zumal sie die Produktionskosten bezahlen.«

Tja, denke ich, das ist natürlich nett von ihnen, zumal sie das aus der Portokasse bezahlen können. Dennoch hält sich meine Freude in Grenzen. Die politische Lage in den USA hat alles verändert. Die mit den Demokraten sympathisierenden Schauspieler, Produzenten und Drehbuchautoren fühlten sich von der Regierung Trump zunehmend unter Druck gesetzt. Der Präsident verlangte unter anderem von Hollywood Filme, die seine »Bedeutung unterstreichen würden«, oder Filme, »die seine Lebensleistung in fantastischen Bildern darstellten«. Dagegen wehrten sich die meisten. Nur zwei Studios und eine Handvoll Darsteller schwenkten auf die Linie des Präsidenten ein und gaben Biopics über Trump in Auftrag, in denen sich dann die Mitläufer alle kriecherische Mühe gaben, ihn und sein Umfeld möglichst zu dessen Gefallen zu spielen. Die Gegenseite wurde mit zunehmenden Hemmnissen konfrontiert. Keine Drehgenehmigungen, keine Hilfe durch staatliche Stellen, und den Spezialeffektschmieden wurde der Strom abgestellt. Als schließlich der Trump-Parodist Alec Baldwin verhaftet und ohne Gerichtsverhandlung zu zwanzig Jahren Gefängnis verurteilt wurde, packte das demokratische Hollywood seine Koffer und emigrierte. Einige gingen der Sprache wegen nach London, aber die meisten Schauspieler zog es nach Berlin und Potsdam.

Die Wohnungsnot vergrößerte sich, gleichzeitig wurde ein neuer Bauboom im hochpreisigen Bereich losgetreten. Die Prominenten kauften alles an Villen und Lofts, was zu kriegen war, Geld spielte keine Rolle. Das eigentliche Problem aber war: Sie alle wollten so weitermachen wie bisher. Die Filmstudios in Potsdam und anderswo wurden in Rekordzeit ausgebaut. Die deutsche Film- und Fernsehlandschaft erlebte die größte Umwälzung ihrer Geschichte und das in Rekordzeit. Hollywood im Exil wollte Opposition gegen Präsident Trump betreiben. Babelsberg kam mit der Flut an Produktionen nicht zurecht, und Berlin wurde zum permanenten Drehort. Superheldenadaptionen wurden plötzlich mitten auf der Straße in Spandau gedreht, und die Abgeordneten im Bundestag konnten ihre Sitzungen nicht mehr abhalten, weil Hollywood die Kulisse für seine Anti-Trump-Filme brauchte. Aber das reichte Neu-Hollywood, wie es plötzlich hieß, noch nicht, gerade die Schauspieler gierten regelrecht nach Auslastung. Die *Tatort*-Kommissare hießen plötzlich Tom Hanks und Johnny Depp, die Crew der *Lindenstraße* wurde von einer Folge zur nächsten ausgetauscht. Die deutschen Schauspieler mussten sich von einem Tag auf den anderen mit Statistenrollen zufriedengeben oder standen auf der Straße. Die Sender nahmen das Angebot gerne an, schließlich garantierten die prominenten Emigranten hohe Einschaltquoten. Protest regte sich bei deutschen B- und C-Prominenten, denn selbst eine scheinbare »Bastion« wie das Dschungelcamp blieb vor Neu-Hollywood nicht gefeit.

Deutsche Filme verloren ihren Charakter und kamen dem Zuschauer gleich als Remake vor. Gewöhnungsbedürftig fanden viele *Tatort*-Fans beispielsweise die Folge, in der die Komissare den Mordfall in ihren Träumen aufklären müssen und dort auf die Horrorfigur Freddy Krueger treffen, der ihnen nach dem Leben trachtet.

Die Studios aber konnten die Filme nur unter der Hand in den USA vermarkten, da Trump den Markt eisern abgeschottet hatte.

Die Schauspieler scheuten sich auch nicht, in einem unbedeutenden Kurzfilm mitzuspielen, und wenn es sein musste, kauften sie sich, wie in diesem Fall mit 250 Euro, einfach ein.

»Gibt es noch irgendetwas, was ich zu den Dreharbeiten wissen müsste?«, frage ich Martin, der mich zu den vier Hollywood-Größen führt, um mich vorzustellen. »Na ja, es gab da ein paar kleinere Änderungswünsche, gerade von Samuel und Meryl«, antwortet Martin nach kurzem Zögern. »Das hätte mein Budget gesprengt. Sie sind cool, Robert. Sie haben mir auf die Schulter geklopft und gesagt, dass sie die restlichen 499.750 Euro dazugeben, damit es ein richtig guter Film wird.«

»Welche Änderungswünsche denn?«, frage ich vorsichtig. Die genannte Summe, so wird mir klar, dürfte mehr bedeuten als fünf weitere Dialogzeilen zusätzlich.

»Sie haben den Plot zwischen dir als Kunde und Silke, der Verkäuferin, und Wolfgang, dem Geiselnehmer, erweitert. Eine Geiselnahme muss authentisch wirken. Jemand muss sterben, und Sachen müssen kaputtgehen. Die ganze Ladeneinrichtung etwa. Und es gibt eine Verfolgungsjagd, also auch Schrottautos. Also richtige Action und kein Rumgehampel. Und die Liebesgeschichte zwischen dir und Silke ...«

»Ja?«

»Also Ryan meinte, er will das dramatisch auslegen. Also kein Happy End zwischen dir und Silke, also Natalie Portman, sondern zwischen dir und Meryl Streep als Filialleiterin Frau Brunzenstedt. Wolfgang, also Samuel L. Jackson, wird Silke erschießen und dich verletzen, und Frau Brunzenstedt wird dir Erste Hilfe leisten, worauf du dich in sie verliebst.«

»Bleibt es denn bei den angedachten 7 Minuten?«, frage ich nach. Ich habe plötzlich so eine Ahnung, dass es sich um eine blöde Frage handelt.

»Nein«, sagt Martin. »Es sind jetzt 95.«

Ich bin skeptisch. Martin bemerkt das. Er bleibt stehen, dreht sich zu mir und packt mich an den Schultern: »Robert, das ist unsere Chance! Ich habe bislang nur schlechte Filme mit schlechten Drehbüchern und schlechten Schauspielern gemacht. Sorry, dass ich das so sagen muss. Da drüben steht Hollywood im Exil. Alleine ihre Namen sichern uns mindestens 500.000 Abrufe auf YouTube und dir 1.000 und mehr

Likes auf deinem Facebook-Profil. Die Leute werden deine Bücher kaufen und dich zu Lesungen einladen. Wir dürfen uns diese Chance nicht entgehen lassen. Komm jetzt!«

Ich überlege kurz und nicke dann. Martin hat recht. Die Bedingungen sind zu gut, da muss ich mich mit arrangieren.

Außerdem, so denke ich mir, Ryan Gosling spielt Robert Rescue. Besser kann es doch nicht sein.

Martin dreht sich nochmals zu mir um. »Was mir noch einfällt und du wissen solltest, damit es nicht zu Missverständnissen kommt – Ryan Gosling spielt nicht dich. Wir haben die Figur geändert. Sie heißt jetzt George, nach einem Kumpel von ihm. Ryan hat deine Vita studiert und fand sie langweilig.«

George ist mein Alter Ego, denke ich und balle die Hände zu Fäusten. 500.000 Abrufe auf YouTube und 1.000 Likes auf Facebook. Bücherverkauf, Lesungsanfragen, Groupies, Poolpartys und High Society. Dafür stecke ich alles weg.

HISTORISCHE BERLINER MOMENTE: DER TAG, AN DEM DIE PANDAS KAMEN

Heiko Werning

Es liegt bereits eine erwartungsvolle Ruhe über dem Berliner Zoo, als wir mit Direktor Andreas Knieriem vorsichtig das Gelände inspizieren, kurz bevor die neuen Berliner Pandas endlich einziehen sollen. Noch ist der Bereich des 5.500 Quadratmeter großen »Panda Garden« sorgfältig abgeschirmt, in dem die beiden Schnuckelbärchen Ping Pong und Hongkong Pfui zukünftig den lieben langen Tag alles machen können, was ihr Herz begehrt: also gar nichts. Denn die tierischen Phlegmatiker sind berühmt dafür, nur faul herumzuliegen und sich in ihren wenigen lichten Momenten ausschließlich einer Beschäftigung zu widmen: dem Fressen von zu diesem Zweck eigens von Gott weiß woher (Holland) importierten Delikatessen. Immerhin vierzig Kilo Bambus verputzt so ein Panda am Tag, den Rest der Zeit schläft und verdaut er. Ein Lebensstil, den die Berliner selbst über die Jahrzehnte voller Front- und Hauptstadtsubventionen wie Handaufzuchten mit der Flaschenmilch aufgesaugt haben, weshalb es kaum verwundern kann, dass diese Stadt von den fürsorglichen chinesischen Pandawächtern als würdig befunden wurde, für ihre Tranbärchen zu sorgen.

Das ist nämlich keineswegs selbstverständlich, denn die ganze Welt ist dem Charme des Pelz gewordenen Kindchenschemas erlegen. Pandas hier, Pandas dort – der Zooshop zeigt sich bereits im schwarz-weißen Plüschrausch, überschwemmt von Tausenden kleiner Stoffbärchen, selbstverständlich »Made in China«, die ihren Vorbildern in Sachen Vitalität in nichts nachstehen. Eine ganze Industrie hängt an den unschuldig dreinschauenden Fellsäcken, wahrscheinlich sind Pandas eigens von den Chinesen erfunden worden, um die amerikanische Wirtschaft zu schwächen – fragen Sie mal Donald Trump. Jedenfalls haben die Chinesen das weltweite Pandamonopol, erst recht an der lebenden Variante: Jedes einzelne Bärchen wird unter hochkomplexen Bedingungen von chinesischen Reproduktionsmedizinern in mühevoller Handarbeit individuell zusammengeschraubt. Und da man sich im Land mit der Gefahr billiger Raubkopien bestens auskennt, haben die chinesischen Bioingenieure auch gleich einen quasi unknackbaren Kopierschutz eingebaut. Pandabärinnen sind überhaupt nur an drei Tagen im Jahr willig, einen Partner auch nur anzuschauen – eine erfolgreiche Eigenvermehrung ist also praktisch ausgeschlossen. Entsprechend rar ist der Nachwuchs, und die zahlreichen Anfragen von Zoos aus aller Welt bleiben meist unbeantwortet. Aber Berlin wurde auserwählt!

Und hätte es am Ende natürlich doch noch fast vermasselt, als sie bei der Bauausfertigung geschlampt haben. Zwar hat das Luxusschlafzimmer für die Faultiere 10 Millionen Euro gekostet, aber dann gab es plötzlich Probleme mit den Brandschutzbestimmungen ... – nein, Quatsch, doch nicht. Diesmal war es die Deckenhöhe. Sie entsprach nicht den technischen Vorschriften des in dieser Sache tonangebenden chinesischen Forstministeriums für Wildtierschutz – und das gilt in solchen Fragen als noch unnachgiebiger als das Bauordnungsamt des Landkreises Dahme-Spreewald. Aber vor allem: Sie haben den Pandapark direkt neben das Raubtierhaus gebaut! Die chinesischen Pandapsychologen fürchteten, das Gebrüll der ungehobelten Tiere aus Afrika könnte die sensiblen Pandas erschrecken, weshalb sie noch vor der Freigabe Protest einlegten und grundlegende Schallschutzmaßnahmen verlangten.

Man muss nämlich wissen, dass Pandas extrem sensible

Tiere sind. So sensibel, dass für die Frachtmaschine, die die beiden schließlich nach Berlin bringt, eigens der Flugplan geändert werden musste, damit die Bären nicht zu lang in der Transportbox schlafen müssen, sondern möglichst schnell in ihrem neuen Heim schlafen können. Übrigens wird die Maschine auch eigens in flacherem Winkel als üblich in den Steig- und Landeflug gehen, damit keines der Bärchen womöglich verrutscht und dann schief träumt.

Und nun also droht in diesem Traumwunderland mürrisches Gebrüll von den Löwen, die im Zoo gegenüber wohnen. Wir inspizieren mit Direktor Knieriem das Krisengebiet, und tatsächlich: Allerlei Raubkatzen schauen direkt auf den neuen »Panda Garden«, aus ihren ziemlich verrostet wirkenden, baufälligen, beengten Käfigen. Es ist halt ein bisschen wie in der Stadt drumherum: Während für die reichen Neuzugezogenen sagenhafte Luxuspaläste errichtet werden, in denen sie dann den ganzen Tag vor sich hin dösen, müssen die alteingesessenen Panther, Tiger & Co., quasi die abgehängten alten, weißen Männer der Zootierwelt, mit ihren baufälligen Anlagen von anno dunnemals auskommen. Und reagieren, wie alle an die Bundesrepublik Deutschland angeschlossenen Zukurzgekommenen reagieren: mit lautem Protestgeschrei und Gegeifer gegen diese Ausländer, die ihnen alles wegnehmen. Wie um das zu unterstreichen, setzt die Löwenpegida während unseres Besuchs kurz vor Schließung des Zoos zu lautem kollektivem Gebrüll an.

Eine Woche später dann ist es endlich so weit: Die Berliner Pandas kommen an! Eigens für sie ist schon mal der BER eröffnet worden, wo die Maschine mit der wertvollen Fracht aus China bei großem Aufgebot landet. Einige Berliner mutmaßen bereits, der BER sei in Wirklichkeit überhaupt nur zu diesem Zweck errichtet worden und werde daher, da er nun seine eigentliche Aufgabe endlich erfüllt habe, bald vollends wieder eingestampft, um ihn gegen einen richtigen Flughafen zu ersetzen. Aber das sind tagespolitische Niederungen, mit denen der Regierende Bürgermeister Michael Müller zum Glück heute nichts zu tun hat. Er darf dafür die chinesischen Staatsgäste in Schönefeld persönlich in Empfang nehmen, ganz beglückt darüber, mit den Pandas endlich einmal ebenbürtige Gegenstücke gefunden zu haben, die genauso langweilig und verschlafen sind wie er selbst. Die Berliner jedenfalls werden sie lieben, so wie sie all ihre kuscheligen Vorgänger zuvor auch schon geliebt haben, ob sie da Bao Bao oder Yan Yan hießen, Klaus Wowereit oder Eberhard Diepgen, Harald Juhnke oder Adolf Hitler. Die Berliner haben einfach ein großes Herz für putzige, latent lebensunfähige Losertypen.

Der *Tagesspiegel* schrieb anlässlich der Ankunft der beiden Bären: »Was genau sie als Leihgabe für 15 Jahre qualifizierte, wird erst nach Ankunft der Pandas bekanntgegeben.« Ja, was mag das wohl sein? Auch ein Vierteljahr nach ihrem Einzug wurde dieses Geheimnis noch nicht offiziell gelüftet. Grund genug für uns, noch einmal im Zoo vorstellig zu werden und den Direktor zu fragen. Andreas Knieriem lächelt wie eine chinesische Winkekatze, als er uns des Rätsels Lösung ins Ohr flüstert: Es waren einfach die mit Abstand übellaunigsten, schlecht riechendsten und ungehobeltsten Pandas, die jemals in China herangezogen wurden. Da war sofort klar: Die gehen nach Berlin!

Und tatsächlich, ein Blick in den »Panda Garden« bestätigt es: Statt in ihrem millionenschweren Pandaparadies herumzutollen, liegen die beiden Bären mit mürrischem Gesicht und apathisch dösend bewegungslos in der dunkelsten Ecke ihres Geheges. Und wenn das Weibchen sich doch mal bewegt, torkelt es wie betrunken rückwärts durch die Gegend, bis es vor eine Wand knallt. Wie schön: Sie haben sich gut eingelebt. – Ihr seid zwei Berliner!

RAUS AUS DEM SCHLAMASSEL, REIN IN DEN WAHNSINN! BERXIT JETZT!

Thilo Bock

Lange, sehr lange haben wir ertragen, ein Teil vons Janze zu sein, sogar mittendrin zu stecken als Splitter im Auge des Orkans. 1991 wurde Berlin zur Hauptstadt erkoren. Doch hat man uns je gefragt, ob uns das recht ist? Wir Berlinerinnen und Berliner sind naturgemäß etwas behäbig. Wir brauchen Input. Daher ziehen wir schon immer Aussteiger aus aller Welt an. Warum steigen wir nicht endlich gemeinsam aus? Wagen wir also den letzten großen Schritt, meine Damen und Herren: Die Zeit ist reif für den Berxit!

Wollen wir wirklich Teil eines Landes bleiben, in dessen meisten Regionen wir nicht verstanden werden, also mental? Oft genug haben wir vor der Schwabenschwemme gewarnt, und das ist ja auch ein unappetitliches Kapitel unserer jüngeren Stadtgeschichte. Historisch betrachtet war Berlin immer Zufluchtsort religiös und politisch Verfolgter aus aller Herren Länder von Frankreich über Böhmen bis Syrien. Und während die tödlichen Gefahren von Paris, Prag und Aleppo bekannt sind, vergisst man oft, dass man auch in einem beschaulichen Örtchen wie – sagen wir – Freiburg wahnsinnig wachsam sein muss. So ist die dortige Fußgängerzone durchzogen von hinterhältigen Rinnsalen – Bächle genannt –, in die man schnell mal versehentlich hineintritt. Und zack! ist man nach alter Regel gezwungen, eine Freiburgerin zu freien. Woanders nennt man das Nötigung, in Freiburg ist es folkloristische Tradition. Also sollten wir mehr Verständnis aufbringen für all die jungen Menschen aus dem Südwesten, die in Berlin Zuflucht suchen vor so viel Drangsal. Von der Mundart, die ihnen aufoktroyiert worden ist, ganz zu schweigen. Wir müssen ihnen schleunigst Sprachkurse anbieten, damit im Prenzlauer Berg auch zukünftig noch berlinert wird!

Natürlich geht das nicht von heute auf morgen. Die Berliner Verwaltung ist älter als die Stadt selbst. Ihr erstes großes Projekt war die Entwicklung von Überlebensstrategien für Dinosaurier. Ein sehr umfangreiches Projekt, was dadurch erschwert wird, dass die meisten Dinosaurier offenbar unbekannt verzogen sind.

Kein Problem ist unlösbar. Zumal in dieser Stadt. Wir. Sind. Berlin! Wer bei uns in einen Bach tritt, bekommt höchstens Ausschlag, heiraten muss er nicht gleich. »Gleich« ist ein gutes Stichwort. Bei uns ist jeder gleich. Und wenn ich »gleich« sage, meine ich das so. Denn »gleich« ist die kleine Schwester von »Mal sehen, übermorgen ist auch ein schöner Tag«.

Die Bundeskanzlerin des Landes, das versehentlich von Berlin aus regiert wird, sagte: »Wir schaffen das!« Klares Zeichen dafür, dass sie sich hat anstecken lassen vom Berliner Größenwahn. Natürlich schaffen wir das! Wir schaffen *alles*. Wir sind schließlich Berlin. Wir wissen nur nicht, *wann* wir das schaffen. Und das ist egal. Denn wir sind gleich. Erst mal rauchen wir eine, und dann trinken wir 'nen Kaffee und dann noch einen, und dann machen wir mal 'n Bierchen auf, und wenn immer noch Zeit bleibt, reden wir darüber, wie wir aus der Sache rauskommen. Wie uns der Berxit gelingen kann, wie wir rauskommen aus diesem Land, dessen Hauptstadt wir sind, weil wir gerade nicht aufgepasst haben.

Berlin ist auf Deutschland gar nicht angewiesen, zumal politisch, die größten Flachpfeifen sitzen bei uns eh im Senat. In Berlin ist man seit alters her stolz auf jeden, der schreiben kann. Das Wie ist da zweitrangig. In Berliner Grundschulen wurde die Benotung längst abgeschafft. Höchste Zeit, mit Gymnasien genauso zu verfahren, also sie abzuschaffen. Ein unabhängiges Berlin käme gut klar ohne zertifizierte Schlaumeier. Der Berliner weiß sowieso alles besser. Dem brauchste nicht mit so 'nem Wisch zu kommen. Kann er eh nicht lesen. Weg mit dem elitären Krempel! Egalitär wollen wir sein! Komme gleich! Und wenn nicht, isses ooch scheißegal. Mir jedenfalls. Oder mich. Je nach grammatikalischer Grundhaltung.

Was wir Berliner partout nicht abkönnen, sind Leute, die Stress machen. Die lassen wir mal schön quasseln und denken dabei an was Schönes, zum Beispiel an eine schicke Blume, herrlich schaumig auf einer frisch gezapften Molle. Leider klappt das nicht immer. Manchmal sind die Stressmacher mehr als bloß blöde Laberköppe. So wie damals dieser Typ mit dem Laster. Hat der gedacht, bloß weil er uns hasst, hat er automatisch unseren Hass verdient? Für so was haben wir gar keine Zeit. Das ist fast schon ein genetischer Defekt bei uns. Der Berliner meckert, aber das Hassen überlassen wir lieber den Ajatollahs aus München und Dresden. Mit Ideologie können wir Berliner nichts anfangen. Da sind wir längst ausgestiegen. Berlins Symbol für Frieden ist eine kaputte Kirche. Wie deutlich sollen wir der Welt denn noch zeigen, was wir von religiösem Eifer halten?!

Zu allem Überfluss geben wir Geld aus für Dinge, die unnötig wären, gehörten wir nicht zu Deutschland. So entfielen Abgaben an die Bundeswehr. Welche Stadt braucht eine Armee? In den Außenbezirken gibt's längst Bürgerwehren. Besser wäre ja, würden diese besorgten Bürger kehren. Wer für Ordnung ist, dem liegt auch Sauberkeit am Herzen. Wir sparten also gleich noch bei der Stadtreinigung. Kosten für anderen militärischen Kram wie Marine und Luftwaffe entfielen ebenfalls. Abfangjäger am Alex? U-Boote in der Spree? Flugzeugträger auf dem Plötzensee? Hallo? Geht's noch?

Apropos: Mit der Unabhängigkeit Berlins würden wir das nervigste und teuerste Problem der Stadt loswerden: diesen Flughafen, den eh keiner will. Der gehört zu Brandenburg. Den Berlinern reicht Tegel. Außerdem sieht man am Tempelhofer Feld, wie schön und stressfrei ein Flughafen sein kann, auf dem nichts fliegt außer Feldlerchen. Und eines Tages kommt sowieso heraus, dass die Sache mit dem Flugverkehr ein entsetzlicher Irrtum gewesen ist. Der Mensch kann gar nicht fliegen! Seien wir also froh, dass wir 5,8 Fantastilliarden für einen Flughafen ausgegeben haben, von dem man *nicht* fliegen kann. War wenigstens kein rausgeschmissenes Geld. Man kann mit ihm zwar nichts anfangen, außer dort seltene Fledermausarten anzusiedeln. Aber wir können hinterher sagen: »Siehste!«

Siehste! Das ist das beliebteste Argument des Berliners. Siehste! Ham wa ja gleich jewusst. Wird sowieso alles wieder dreckig. Kann man sich das Saubermachen auch sparen. Freuen Sie sich also lieber, nicht in Freiburg sein zu müssen, sondern im schön schmutzigen Berlin, wo es auch morgen noch heißt: So doll die Berliner auch feiern, geputzt wird morgen von den Bayern.

GENTRIFIZIER MIR

Frank Sorge

Herr Schluppke, Sie sind kürzlich von den Weddinger Gastwirten zum Bier-Buddha ernannt worden. Jetzt machen Sie mit einer ersten Aktion von sich reden.

Ach, ick rede nich' viel von mir, dit machen die anderen.

Sie haben bei Ihren letzten Terminen im Wedding Kneipenbesucher dazu aufgefordert, Berlin zu »degentrifizieren«, wie stellen Sie sich das vor?

Können Se sich vorstellen, wat so die Sorgen inna Stammkneipe hier im Wedding sind?

Ja, vielleicht. Ob die eigene Miete steigt, ob man Arbeit findet.

Och, da sind die meisten schon drüber hinaus. Dit Schlimmste aber is': Keener weeß, ob die Stammkneipe am nächsten Tag noch da is'. Ham Se doch vielleicht ooch bemerkt, dat hier immer weniger Kneipen sind. Dann kommt da, *zack*, irgendwat anderet hin, für andere Leute. Eh man sich versieht, hat man den Salat – also nich' nur im übertragenen Sinn. Alleene die mitleidigen Blicke uff der Straße, wenn ick mal 'ne Currywurscht esse.

Also sind Sie gegen Bioläden?

Ick bin nich' jegen Bioläden, ick bin für Kneipen. Aber is' schon klar, woran dit liegt, wa – am Nachwuchs, da ham wir die letzten Jahrzehnte 'n bisschen jeschlafen. Also hab ick mir da so 'n bisschen meene Jedanken jemacht, na, und wenn ick hier mal wieder 'n Tresen oder so wat zu segnen habe, lasse ick die mal so raus. Nur weil Se jesacht haben »meine Aktion«: Ick hab zu nüscht aufjerufen.

Um bei den Bioläden zu bleiben, Sie sollen gesagt haben: Wenn die Bioläden nicht für uns gemacht sind, dann sollten wir erst recht hingehen.

Jenau, ick meine, dit is' doch 'ne positive Botschaft. Eh die uns verdrängen, drängeln wa uns rin, wa? Ick kann mir ooch nich' vorstellen, dat die vom Bioladen irgendwat gegen uns haben, die ham einfach nich' an uns jedacht. Also müssen wa uns in Erinnerung rufen, wa?

Es gab zahlreiche Beschwerden von Kunden.

Veränderung jeht nicht ohne Reibung. Ick will aber jetze nich' irgendwat rechtfertigen, wenn da jemand übers Ziel hinausjeschossen is'.

Sie meinen Inge P., die sich ihre Rente vorab hat auszahlen lassen, um wahllos mit anderen Kunden im Laden Bioschnaps zu trinken. Und die jeden Tag behauptet hat, es wäre ihr 90. Geburtstag.

Fragen Se mal den Laden, wie viele Flaschen da wegjegangen sind. Und wie dit Bioschnapsregal ausjebaut werden musste, als noch die *Morgenpost* den Artikel hatte. Ham Se dit Zeug ausm Programm jenommen? Nee, dit sind ooch nur Kaufleute. Wat da allet jetzt steht, und wie viele neue Leute dit anjelockt hat. Der halbe Leo jeht da hin.

Auf der anderen Seite meiden viele Kunden jetzt den Laden, heißt es.

Ick hab damit nüscht zu tun, dit is' freie Marktwirtschaft, da misch ick mir nich' ein.

Außerdem gab es einige Verhaftungen von Leuten, die an einem Weddinger Gymnasium Kleiner-Feigling-Flaschen gedealt haben sollen.

Wie jesagt, käm' ick nich' druff, so 'ne Idee. Aber da ham sich welche jedacht, die Grasdealer steh'n da immer so alleene, da sorgen Se mal für 'n bisschen Pluralismus. Aber dit is' natürlich übert Ziel hinausjeschossen, wegen Nachwuchsförderung und so. Ick hab nur 'nen Tag der offenen Tür für U20 vorjeschlagen, streng nach Gaststättenjesetz. Dartkurse für Kinder, Kegelyoga, so wat.

Sie tun nun so, als würde das alles auch ohne Sie passieren. Mittlerweile gibt es aber schon stadtweite Aktionen, die großes Ärgernis hervorrufen und für die Sie verantwortlich gemacht werden. Überall im Prenzlauer Berg stehen wieder kaputte Fernseher auf der Straße.

Nee, dit is' nich' schön.

Ermittlungen haben nun ergeben, dass hier offenbar nächtliche Degentrifizierer im Verbund mit Weddinger Entrümpelungsunternehmen gezielt Müll in der Stadt verteilen.

Von so 'ner höheren Warte aus betrachtet, warum soll dit allet nur bei uns rumstehen, geteiltet Leid ist halbet Leid, oder? Spaß beiseite, symbolisch mag dit mal passiert sein, aber Müll jehört natürlich zur BSR. Ick gloobe ja, da hat so mancher feine Herr oder feine Lady Buxtehude den medialen Rummel jenutzt, ihr altet Röhrenmonster ausm Keller jeholt und uff die Straße jeworfen, um dann zu sagen: Dit waren die Chaoten. Wenn Se die Weddinger 'n bisschen besser kennen würden, so schnell schmeißen die nix weg. Kann man allet noch jebrauchen.

Abschlussfrage: Werden Sie Ihre Anhänger mit deutlichen Worten dazu bewegen, derlei Aktionen künftig sein zu lassen?

Ja, gerne auch hier. Also Leute: böse, böse. Macht dit nich'!

Vielen Dank für das Gespräch.

KAPITEL 6

Auswärts jwd

SPORTVEREINSHEIMGASTSTÄTTE

Heiko Werning

»Da müsste als Nächstes jetzt Kaisheim kommen, und dahinter gleich Donauwörth, und dann bei Meitingen müssen wir ab nach Thierhaupten.«

Ich habe Angst und klammere mich am Haltegriff meines Beifahrersitzes fest. Ich sitze in einem riesigen Geländewagen, der mit irrwitziger Geschwindigkeit durch die Wälder von Bayerisch-Schwaben rast, und mein Fahrer hat sein Navi vergessen und versucht mühsam, die Route durch das Hügelland aus dem Kopf zu memorieren.

»Vielleicht müssen wir aber auch durch Langweid und Todtenwels und dann bei Petersdorf rechts ab. Ach je, das werden wir schon sehen«, brummelt er, während er das Steuer nach links reißt.

Leider ist der Mann betrunken. Zumindest nach meinen Maßstäben. Die bayerisch-schwäbischen Gepflogenheiten dagegen scheinen ihn in voll fahrtüchtigem Zustand zu sehen: »Ja je, mehr als vier Halbe hab ich doch nicht getrunken, und dann hatte ich noch 'nen Kaffee, bevor wir los sind«, hatte er auf die mahnende Nachfrage seiner Frau geantwortet, woraufhin sie beruhigt genickt und anschließend das schlafende Baby in seiner Schale auf dem Rücksitz festgeschnallt hat. In dieser Gegend scheint niemand zwei Liter Bier für ein Fahrhemmnis zu halten, denn zum einen haben die anderen Fahrer, die ich beobachtet habe, auch nicht nüchterner gewirkt, und zum anderen hatte er seinen Pegelstand den Abend über auch nicht gerade geheim gehalten. Als die Kellnerin ihm das letzte Halbliterglas brachte und er daraufhin bezahlen wollte, hatte sie gesagt: »Hast ja nur vier Halbe gehabt? Musst noch fahren?« »Ja, bring mir mal noch 'nen Kaffee.«

Ich weiß, ich hätte besser nicht einsteigen sollen, aber was sollte ich machen? Erstens war das mein Gastgeber, zweitens meine Übernachtungsmöglichkeit, und meine Sachen standen bei ihm, drittens waren wir in der gottverdammten schwäbischen Pampa im westlichen Bayern, wo allein die Nachfrage nach so etwas wie Bussen oder Bahnen für entgeistertes Stieren gesorgt hätte, und viertens: Dort bleiben wollte ich auch auf gar keinen Fall, vielmehr war ich heilfroh, aus der Sportvereinsheimgaststätte des Tennisclubs Glomdingen zu entkommen, in dem noch eine Geburtstagsfeier tobte.

Ein vierzigster Geburtstag in einer Sportvereinsheimgaststätte ist an sich schon eine sehr, sehr traurige Angelegenheit. Sportvereinsheimgaststätten strahlen auf mich stets eine geradezu erdrückend depressive Stimmung aus. Immer wenn mir Berlin auf die Nerven geht mit all seinen kaputten Typen, der Hässlichkeit und vor allem diesen Berlinern und ich mich frage, was ich dort eigentlich mache und ob ich nicht allmählich mal irgendwo hinziehen sollte, wo es schön ist und wo die Eingeborenen erträglicher sind, irgendwo ins Grüne oder in eine gemütliche kleine Stadt, dann muss ich nur an eine Sportvereinsheimgaststätte in der Provinz denken, schon geht es mir wieder besser. Eine Sportvereinsheimgaststätte mit braun gekacheltem Boden und diesen Vierer-Seminarraumtischen, die man nach Bedarf in U- oder T-Form aufbauen oder an die Seite schieben kann, um Platz für eine Tanzfläche zu schaffen. Eine Sportvereinsheimgaststätte, in der wuchtige, silberne Pokale herumstehen, die vom zweiten Platz beim Turnier der Donauwörther Bezirksmeisterschaften von 1986 künden. Eine Sportvereinsheimgaststätte mit einer Resopalziehharmonikawand, um den Sportvereinsheimgaststättengastraum zu teilen, damit gleichzeitig das hundertjährige Jubiläum eines Heimatvereins und ein vierzigster Geburtstag gefeiert werden können. Eine Girlande aus ausgeschnittenen bunten Papierbuchstaben ist über dem Eingang zum rechten Teil aufgehängt, sie bildet die Worte »Happy Birthday«.

»Da vorn in Nordendorf ist der Puff von der Diana«, informiert mein Fahrer mich. »Da geh ich ganz gern mal hin, da gibt's 'n g'scheites Bier vom Fass, nicht nur Sekt. Ich mein, da gehste schon in den Puff, und dann woll'n se dir Sekt andrehen, als wenn man schwul wäre.« Ich horche nach hinten. Schläft seine Frau schon? Er bemerkt meine Irritation. »Meine Frau und ich geh'n da ganz offen mit um, wir ham da gar kein Problem. Wir führen eine gute Ehe. Ich muss nur halt manchmal auch über was andres drüber.« Ich gucke angestrengt durch das Seitenfenster in die Nacht.

In der Sportvereinsheimgaststätte gab es »Heute nur reduzierte Karte. Wir haben zwei Gesellschaften gleichzeitig.« Es standen zur Auswahl: Currywurst mit Pommes, Schnitzel Wiener Art mit Pommes, Putenschnitzel mit Pommes. Da fällt es schwer, sich zu entscheiden. Das frisch frittierte Schnitzel, das mir schließlich serviert wurde, erfüllte all meine Erwartungen an die Sportvereinsheimgaststättengastronomie. Der dazu gereichte Beilagensalat aus geraspelten Möhren, Weißkohl, geschnippelten Bohnen und etwas grünem Salat ebenfalls.

Auf dem Klo der Sportvereinsheimgaststätte hängt ein Kondomautomat. Die Vorstellung, er könnte von den Besuchern der Sportvereinsheimgaststätte genutzt werden, beunruhigt mich. Noch weitaus mehr verstört mich allerdings der Gedanke, dass auch der daneben hängende Automat genutzt werden könnte. Für den Einwurf von »1 x 2 Euro« verspricht er »freche

Tangas und Fun-Dessous«. Ich möchte bitte niemals erfahren müssen, was »Fun-Dessous« sind oder wie sie aussehen.

Schaudernd flüchtete ich zurück durch den Thekenraum in die Saalhälfte der Geburtstagsfeier. Stämmige, fleischklopsige Männer saßen apathisch am Rand vor den an die Seite geschobenen Multifunktionsseminartischen, auf die sie ihre Biergläser gestellt hatten. In der Mitte des Raums der rechten Hälfte der Sportvereinsheimgaststätte hüpften die Frauen herum und kreischten laut mit zu »I will survive«. Was für eine offenkundige Lüge.

Plötzlich sprach mich jemand von hinten an. Eine Frau, in breitem Schwäbisch oder Bayerisch, vielleicht war sie auch einfach nur betrunken und lallte, ich kann das sowieso alles nicht auseinanderhalten. Sie forderte mich auf, mit ihr zu tanzen. Ich war verblüfft. So etwas verlangt sonst wirklich nie jemand von mir. Als ich nochmals die stoisch und unbeweglich am Rand hockenden Männer betrachtete, wurde mir allerdings klar, dass ich sowohl alters- als auch staturmäßig hier höchstens oberer Durchschnitt war und wohl noch vergleichsweise vital wirkte. Schon hüpfte die Frau wieder mit den anderen in der Mitte des Raums herum. Jetzt kreischten sie laut mit zu »Nossa Nossa«. Ob sie freche Fun-Dessous dabei trugen?

»Man muss die Bibel nur genau lesen«, sagt mein Fahrer. »Erst hat Gott den Menschen geschaffen, dann die Frau. Verstehst? Erst den Mensch, dann die Frau. Sonst sind se immer so fromm, aber da wollen se nichts von hören, die Weiber.« Ich sage lieber nichts und schaue besorgt aufs Tachometer, das immer noch im dreistelligen Bereich anzeigt, obschon ein Schild vor einer scharfen Kurve warnt. »Jesus hatte auch eine Geliebte. In der Bibel steht: Als er in die Wüste ging, folgte eine lange Dürre.« Er scheppert vor Lachen. Als er vor der

Kurve abrupt abbremsen muss, werde ich nach vorne in den Gurt geworfen. Ich atme tief durch.

Kollege Surmann bemängelte neulich, ich wirke immer so unfreundlich und abweisend. Das ist ein völlig falscher Eindruck. Ich komme nur einfach nicht gut mit Menschen zurecht. Trotzdem liegen ihre Rechte mir am Herzen. Wir sollten die Schwaben in Berlin freundlicher behandeln. Und sie umgehend als Flüchtlinge anerkennen.

»Und da kommt dann Hollenbach und dann Aichach, und da müssen wir rechts oder links, auf jeden Fall über Schiltberg und Hilgertshausen-Tandern oder Kleinschwabhausen«, murmelt mein Fahrer, während er eine Hügelkurve mit 120 Stundenkilometern souverän schneidet. Nein, das hier ist kein sicheres Herkunftsland.

ZEHLENDORF, ORTSLAGE DÜPPEL

Robert Rescue

Es ist ein Ort, von dem ich vor einem Jahr noch gesagt hätte, dass mich nichts dorthin zieht. Aber dann habe ich im Internet etwas über das Museumsdorf Düppel gelesen, ein Freilichtmuseum, das eine mittelalterliche Siedlung von vor 800 Jahren rekonstruiert, und mir gedacht: Da möchte ich mal hin.

Aber mit solchen Gedanken ist es so eine Sache. In meinem Kopf gibt es eine Halde mit solchen Vorhaben, irgendwas, irgendwo in Berlin mal zu besuchen. Früher, als Neu-Berliner, war ich jeden Tag unterwegs, um die große Stadt zu erkunden. Aber mit der Zeit, wenn man sich eingelebt hat, weicht dieser Drang einer Trägheit, die dazu führt, dass man seinen Lebensraum eingrenzt auf eine Fläche von drei Straßenzügen mit Spätkauf, Imbiss und Stammkneipe. Am Ende des Lebens oder bei einem Umzug (für Berlin-Eingeborene übrigens zugleich das Ende des Lebens) steht dann die Erkenntnis, nicht einmal die Hälfte Berlins zu kennen.

Düppel habe ich aber noch mitgenommen. Ostern stand an und damit der traditionelle Besuch bei Julias Tante Judith und die Frage, was wir an dem Tag unternehmen würden. Also machte ich einen Vorschlag.

Jetzt stehen Julia und ich am S-Bahnhof Mexikoplatz. Bis zum Museumsdorf sind es noch zwei Busstationen. Ich schlage vor zu laufen. Was sind schließlich schon zwei Busstationen, und laut Fahrplan ist der Bus nur drei Minuten unterwegs. Aber das ist die Denke eines Innenstädters, für den zwei Haltestellen etwa 800 Meter Entfernung sind und der nur selten Bus fährt. Hier draußen, nicht weit von der Grenze zu Brandenburg, fahren die Busse schneller, weil sie nicht alle paar Meter wegen Stau oder einer Ampel halten müssen, der Abstand zwischen zwei Haltestellen ist anders bemessen. Julia macht mich nach einer halben Stunde auf diesen Umstand aufmerksam, hat aber am Start nichts davon gesagt. Wir kommen an Villen und Mehrfamilienhäusern vorbei. In fast jedem Haus befindet sich eine Tierarztpraxis. Düppel, das Refugium der Tierärzte. Wenn in anderen Bezirken ein Haustier krank wird, müssen alle nach Düppel fahren, sonst ergeht es ihrem Tier schlecht.

Am Eingang des Museumsdorfes erwarten uns Tante Judith und ihr Enkel Timmy. Den Eintritt zahle ich nicht, ich hatte schließlich die Idee. Das Wetter ist nicht schlecht, aber die letzten Tage hat es geregnet, sodass der Boden hier und da schlammig ist. Ich atme tief ein und aus. Das muss diese raue Natur sein, von der ich öfter mal in Dokumentationen etwas gesehen habe, geht es mir durch den Kopf. Die Hütten sehen authentisch aus, aber was soll mir dazu auch anderes einfallen, schließlich habe ich keine Ahnung, wie ein mittelalterliches Dorf um 1200 ausgesehen hat.

Die Helfer sind stilecht in Leinen gekleidet und damit beschäftigt, Krimskrams zu verkaufen, alte Handwerkstechniken vorzuführen oder die Kinder zu bespaßen. Zum Beispiel am Armbruststand.

Die Kinder schießen mit niedlichen Armbrüsten auf Holztäfelchen, auf denen Münzen oder Äpfel abgebildet sind. Was für ein geradezu friedvolles Bild im Vergleich zur wahren Fernwaffe Armbrust. Im Mittelalter war sie in der Theorie als Waffe im Kampf zwischen Christen geächtet, weil sie, ihrer Durchschlagskraft gegen Rüstungen wegen, als unritterlich galt. Im Kampf gegen Heiden aller Art, insbesondere gegen arabisch-islamische Kämpfer, war sie jedoch von kirchlicher Seite aus erlaubt. Richard Löwenherz, einer der bekanntesten Förderer der Armbrust, starb durch einen Armbrustbolzen. Ob ich das dem Mann am Stand erzählen soll? Werden die Kinder dann anfangen zu weinen? Timmy mag nicht mit der Armbrust schießen. Lobenswerte Einstellung. Mit dem Bogen will er auch nicht schießen, wünscht sich aber spontan einen zum Geburtstag. Merkwürdige Logik und für die Oma sicherlich kein sonderlicher Anreiz, ihm den Wunsch zu erfüllen. Timmy will was trinken, und ich erkläre mich bereit, mit ihm zum Eingang zurückzugehen, wo sich ein Kiosk und ein Bratwurststand befinden. Judith greift zu ihrer Handtasche und gibt mir ihre Geldbörse. Als der Junge und ich außer Sichtweite sind, öffne ich diese. Wenn genug drin ist, können Timmy und ich abhauen und auf einer Südseeinsel ein neues Leben in Saus und Braus beginnen. Verdammt, nur 35 Euro. Aus der Traum!

Nach ein paar Metern kommen wir an einem Stand vorbei, wo allerlei Tinkturen und Heiltränke verkauft werden. Auf einer Flasche in Schädelform steht »Hexengalle«. Timmy will von mir wissen, was das bedeutet. »Die Menschen früher glaubten viel an die Kräfte der Natur und an Zauberei und Zauberwesen. Also auch an Hexen. Und weil Hexen ja zaubern konnten, benannten die Menschen wundersame Elixiere nach ihnen.«

»Und was ist Hexengalle jetzt genau?«

»Die Galle ist eine Körperflüssigkeit, die in der Leber produziert wird.«

»Und die wurde bei den Hexen rausgenommen?«, fragt Timmy. »Hat man die Hexen umgebracht, sie aufgehängt und aufgeschnitten, und dann lief die Flüssigkeit heraus und wurde in Flaschen verkauft?«

Der Junge hat ja eine blühende Fantasie, denke ich. Soll ich ihn korrigieren und das angebliche Wunderprodukt als frühe Konsumentenverarsche anprangern, mit der bereits im Mittelalter den Leuten das Geld aus den Taschen gezogen wurde? Nein, das kann er irgendwann später mal lernen, jetzt soll er sich mit dieser interessanten Vorstellung anfreunden.

»Genau so war es«, pflichte ich also bei.

Julia hat sich eine »Einhorn-Zauberblubberlimo« oder Ähnliches gewünscht. Leider werde ich sie enttäuschen müssen. Der Kiosk ist gänzlich frei von Getränken, die man generell oder mit viel Fantasie mit dem Mittelalter in Verbindung bringen könnte. Es gibt Fritz Limo in drei Geschmacksrichtungen. An der Wurstbude gibt es auch kein Spanferkel, Hirschbraten oder gebackenen Wolf, sondern nur Thüringer Rostbratwurst und Biobrot.

Timmy ist auf dem Rückweg sehr zutraulich zu mir, dabei haben wir sonst die letzten Jahre kaum ein Wort miteinander gewechselt.

»Ich finde, meine Mama ist doof.«
»Ist sie nicht.«
»Aber manchmal schon.«
»Wie oft denn?«
»328 Tage im Jahr.«
»Nein, das ist übertrieben.«
»Wie oft dann?«
»Weiß nicht. Ich kenne sie ja nicht so gut. Vielleicht drei Tage.«
»Nee, mindestens acht.«
»Einigen wir uns auf vier, okay?«
»Okay.«
»Das bleibt aber unter uns, alles klar?«
»Ja, okay, ich liebe Geheimnisse.«

Julia und Judith sitzen inzwischen an einem Lagerfeuer und rösten Stockbrot. Die benutzten Stöcke werden von einer Helferin eingesammelt und mit einem Messer schabt sie die Brotreste ab. Ob sie das im Mittelalter auch schon gemacht haben? Oder haben die sich jedes Mal einen neuen Ast geschnitzt, weil sie so viel Wald um sich herum hatten, dass sie gar nicht auf die Idee kamen, die Äste zu recyceln? Gab es eine Art Bäcker im Dorf, der jeden Morgen die Äste mit dem Brot an das Feuer legte, und die Bewohner mussten ihm ein Geldstück geben, womöglich mit einem Pfand drauf für den Ast? Ich schüttele den Kopf. Verrückt, auf was für Gedanken man kommt, wenn man mal an der frischen Luft ist.

Wir kommen an den Ställen mit den Wildschweinen vorbei. Timmy will sie nicht sehen. Er ruft, das seien »grauenhafte Kreaturen«, die er in dem Rollenspiel Soundso immer sofort niedermetzele. Meine Güte, was spielen Neunjährige heutzutage so?

Erneut kommen wir am Bogenschießstand vorbei, wo ein Helfer die Kinder geduldig ermuntert, irgendwas zu treffen, aber in den seltensten Fällen die Zielscheibe. Eine Katze läuft hinter der Zielscheibe hin und her. Entweder ist sie fremd und sich der möglichen Gefahr nicht bewusst, suizidal, oder sie weiß, dass die meisten Pfeile in der Wiese steckenbleiben oder gegen die Mauer hinter ihr fliegen.

Auf dem Rückweg bin ich froh, dass Judith mit dem Auto da ist. Noch mal möchte ich die Strecke zum Mexikoplatz nicht laufen. Sie hatte vergessen abzuschließen. Im Wedding wäre der Wagen schon längst weg und auf dem Weg nach Osteuropa. Aber hier kann man sein Auto vermutlich monatelang unverschlossen stehen lassen. Das hier ist Zehlendorf, Ortslage Düppel.

DER FRÜHE VOGEL SINGT
MIR VIEL ZU LAUT

Thilo Bock

Natur ist ja voll was Schönes. Hab ich gar nichts gegen. Hatte ich immer so gehalten. Ab und zu fand ich Natur schon damals super. War ja auch bio irgendwie. Und gegen bio kann man ja nichts haben, oder? Wer aber mit Kühen aufstehen wollen würde, muss nicht in der Stadt leben. Was ich tat. Der Weckruf des Federviehs war nicht meiner. War er nie gewesen!

Und plötzlich wachte ich tagtäglich viel zu früh auf. Da war es nicht mal hell! Vor meinem Fenster trällerte ein Rotkehlchen. Rotkehlchen sind ja putzige Tierchen. Ich mag kleine Vögel. Deswegen kam Abknallen für mich eher nicht so infrage. Auch wenn ich kurz davor war. Dieses Rotkehlchen sang sich quasi um Kopf und Federkragen. So laut wie drei Koloratursoprane zusammen, Königin der Nacht XXL. Das war unfassbar! Schlafen Vögel nicht? Oder war dieses Rotkehlchen bloß gestört?

Ich rief bei der Wildvogelhilfe an. Das Büro war jottwede, irgendwo auf'm Lande und die Vorwahl länger als der Rest. Vielleicht hatten die ja einen guten Tipp, wie ich das Rotkehlchen länger im Nest halten könnte. Stattdessen hieß es dort, ich solle mich nicht so haben. Selber schuld, wenn ich in der Stadt wohne. Ich solle mich mit dem Lärm arrangieren, das Rotkehlchen vor meinem Haus würde das schließlich auch tun. Wegen des Berufsverkehrs müsse es halt früher raus.

»Wegen des Berufsverkehrs?«

»Genau«, sagte die Frau am anderen Ende der Leitung, »so

'n Rotkehlchen markiert sein Revier durch Gesang, damit ihm kein anderes Männchen in die Quere fliegt. Das muss freilich erst mal gehört werden. Und wenn der Krach ab einer bestimmten Uhrzeit zu groß wird ...«

»Und am Wochenende?«, warf ich ein. »Könnte der Vogel nicht wenigstens am Wochenende länger im Nest bleiben?«

»Fragen Sie ihn doch!«

»Wie soll ich das denn machen?«

»Wie wär's mit Zwitschern?«

Die Frau machte mir Spaß. »Haben Sie da keinen besseren Draht?«

»Nee, ist ja Ihr Vogel.«

»Aber Sie haben so eine schöne Stimme!«

»Sie können gerne mit dem Rotkehlchen vorbeikommen.«

»Ha ha. Witzig!«, sagte ich. Dabei musste ich gar nicht lachen. Immerhin, meine Gesprächspartnerin kicherte. Das klang sympathisch.

Ich wollte dagegen sachlich bleiben: »Und das frühe Aufstehen? Machen das alle Rotkehlchen?«

»Jedenfalls die in der Stadt.«

»Vom Baum schießen würde also nichts bringen?«

»Dann wäre ja das Revier frei, und ein neues Rotkehlchen ...«

»Vielleicht hab ich ja Glück.«

»Unterstehen Sie sich! Außerdem, ich sehe Ihre Nummer im Display!«

»Ja, ja, keine Sorge!«

»Ziehen Sie doch aufs Land!«

»Da gibt's ja noch mehr Tiere! Und Vögel sowieso.«

»Die werden aber später wach. Auf dem Land ist es ja dunkler! So ein Vogel muss sich nun mal orientieren. Und wo es keine Lampen gibt ... Davon abgesehen sind die Vögel hier um einiges leiser.«

»Echt?«

»Kohlmeisen und Amseln zum Beispiel haben wegen des Stadtlärms die Tonlage ihres Gesanges verändert.«

»Mit mehr Bass oder was?«

»Nein, umgekehrt.« Sie kicherte erneut. »Die zwitschern jetzt höher.«

»Sie wollen mir also weismachen, Vögel auf dem Land piepen anders als die in der Stadt?«

»Genau! Wenn Familie Kohlmeise einen Ausflug aufs Land machen würde, könnten die da nicht so einfach mal einen Meisenring bestellen. Die würden dort schlichtweg nicht verstanden werden.«

»Seit wann bestellen sich Vögel Meisenringe?«

»Kleiner Scherz.«

Wäre ihr Kichern nicht so niedlich gewesen, ich hätte längst aufgelegt. »Sie verarschen mich die ganze Zeit oder was?«

»Nei-en! Das ist alles wahr.«

»Sie haben doch selber gerade ...!«

»Ja, das mit dem Futter nicht. Trotzdem, es kann passieren, dass ein Stadtvogelmännchen bei einem Umzug aufs Land kein Weibchen findet.«

»Es gibt Vögel, die aufs Land ziehen?«

»Na ja, rein theoretisch. Wenn Sie mir jetzt einen Kohlmeiserich mitbrächten.«

»Ich bringe Ihnen keinen Vogel mit!«

»Aber wenn, dann fänden die Landkohlmeisen das Männchen nicht mehr attraktiv. Stadtkohlmeisen geben die Verschnörkelungen ihres Gesangs nämlich zugunsten der Lautstärke auf!«

»Also so Ghettoproll versus schüchterne Landpomeranze mit Sommersprossen, oder was?«

»Wie meinen Sie?«

»Ich meine so bushidomäßig: ›Laß misch disch ficken in den Mund!‹«

»Wie reden Sie denn auf einmal mit mir?«

»Ich würde natürlich niemals so mit Ihnen reden.«

»Sondern?«

»Wie sondern?«

»Na, was würden Sie mir zuzwitschern, wenn Sie mich besuchen kämen?«

»Kommt ganz auf die Situation an.«

»Ach, jetzt zieren Sie sich nicht so. Stellen Sie sich vor, ich bin ein junges Rotkehlchen ...«

»Haben Sie etwa rote Haare?«

»Ja! Und Sommersprossen.«

»Also gut. Ich bin ein Vogel aus der großen Stadt, und Sie ...«

»Die Unschuld vom Lande.«

»Wenn Sie das sagen ... Vielleicht sag ich: ›Hey du, ich habe ein altes Körnerbrötchen dabei. Wollen wir uns das teilen?‹«

»Was haben Sie dabei?«

»Ein Körnerbrötchen. Ich dachte ... So als Vogel. Vergessen Sie's. Wir könnten auch einfach erst mal Kaffee trinken.«

»Ja, okay.«

»Caro-Kaffee?«

»Wieso das denn?«

»Ich dachte, das trinkt man so auf dem Land.«

»Kommen Sie einfach vorbei. Ich hol Sie auch vom Bahnhof ab.«

»Und wann?«

»Um vier habe ich Schluss.«

»Na gut!«

So habe ich Britta von der Wildvogelhilfe kennengelernt. Und sie hat mich überzeugt. Ist gar nicht mal ganz so schlimm auf dem Land, wie ich vorher dachte. Ich werde nicht einmal von einem Hahnenschrei geweckt. Dabei gibt es hier im Dorf mehr als nur einen Hahn.

Leider lebt in Brittas Garten eine Starenfamilie. Und das Männchen scheint einst in der Stadt gelebt zu haben. Nach der ersten Nacht mit Britta dachte ich jedenfalls, sie hätte den Wecker auf vier gestellt. War aber gar nicht ihr Wecker. War der Star.

»Den Staren«, hat Britta mir erklärt, »ist abwechslungsreiches Singen besonders wichtig. Und sobald die ein neues Geräusch hören, bauen sie das gerne mal in ihren Gesang ein. Auf so was fahren Starenweibchen nämlich voll ab.«

»Das hast du gestern aber nicht am Telefon gesagt.«

»Dann wärst du vielleicht ja nicht gekommen. Doch jetzt, wo wir schon mal wach sind ...«

DER EIERMANN
Volker Surmann

Er ist Anfang dreißig, trägt eine Jogginghose und irgendeinen Kapuzenpulli mit viel zu vielen Buchstaben, Zahlen, Aufnähern und Reißverschlüssen an unpassenden Stellen. Ein Kleidungsstück, das sagt: In einem Fitnessstudio einer Plattenbausiedlung in einem Vorort von Marzahn-Hellersdorf wäre ich 2005 als cool durchgegangen.

Er ist ein Proll.

Er sieht aus, als habe er gerade Hafturlaub, nachdem er 2005 vor einem Fitnessstudio einer Plattenbausiedlung in einem Vorort von Marzahn-Hellersdorf wegen eines bewaffneten Raubüberfalls festgenommen wurde.

Er sitzt mir im Zug gegenüber, im ICE nach Berlin, auf der anderen Seite des Gangs, auf den Schwerbehindertenplätzen, die heute allesamt frei waren.

Und er isst ein Ei.

Das an sich ist noch nichts Verwunderliches. Der Konsum hart gekochter Eier gehört für viele Menschen zu einer Bahnfahrt dazu wie Tomatensaft zur Flugreise, Popcorn zum Kino, versalzene Pommes rot-weiß zum Freibad, die Oblate zum Abendmahl oder der Schuss zum Drückerraum. Es gibt Lebensmittel, die der Deutsche nur in speziellen Konsumräumen zu sich nimmt.

Und es gibt Lebensmittel, die man schicklicherweise nicht in Gegenwart Unbeteiligter essen sollte. Es ist beispielsweise unmöglich, einen reifen Pfirsich würdevoll zu essen. Geht nicht.

Ob man aus der Hand hineinbeißt oder ihn sorgsam mit dem Messer zerlegt. Es endet immer in einer klebrigen Sauerei. Reife Pfirsiche sollte man daher nie in der Öffentlichkeit konsumieren. Sie sind das perfekte Nahrungsmittel für die Einzelhaft.

Hart gekochte Eier stehen im unteren Mittelfeld der nach oben offenen Reife-Pfirsich-Skala für Unkonsumerabilität. Es gibt auch nicht viele Varianten, sie zu sich zu nehmen: Ei pellen, abbeißen, salzen, abbeißen, salzen, je nach Größe des Eis noch einmal das Ganze, und – schlupp – weg ist das Ei.

Der Proll auf Hafturlaub hat aus einer klobigen Reisetasche einen Gefrierbeutel mit Eiern ausgepackt. Dabei fiel mir auf, dass sein rechtes Bein steif ist. Vielleicht wurde er 2005 bei seiner Verhaftung angeschossen. Vielleicht ist es aber auch nur eine Sportverletzung. Kreuzbandriss beim Kickboxen im »Blutrausch Wedding e.V.«.

In dem Gefrierbeutel zähle ich sieben hart gekochte Eier. Mannomann, denke ich, da hat jemand was vor. Jedenfalls denke ich, dass sie hart gekocht sind. Achtung, Spoileralarm.

Triggerwarnung: Der Rest dieses Textes ist nicht geeignet für Personen mit Eiweißallergie, empfindlichem Magen oder einer Phobie vor halb Geronnenem.

Großraumabteile im ICE sind beliebte Bildungslabore für anthropologische Feldstudien, in diesem Fall der Ernährungswissenschaften. Im Konsum gekochter Eier hat der Proll auf Hafturlaub eine neue Evolutionsstufe betreten. Doch nicht jede Stufe führt nach oben. Der Eiermann ist die Kellertreppe der Evolution runtergefallen. Vielleicht hat er sich auch dabei das Bein verletzt.

Schritt 1: Er nimmt ein Ei aus dem Gefrierbeutel und legt es auf ein Taschentuch. Schon dieses Taschentuch indiziert, dass er weiß, was da kommen wird.

Schritt 2: Mit einem ausgeklappten Taschenmesser guillotiniert er das Ei mittig.

Schritt 3: Er richtet die beiden Hälften des Eis sofort auf, damit nicht *noch mehr* hinausfließt.

Schritt 4: Er schlürft die erste Hälfte des Eis hörbar aus. *Schhlllüüürppp.*

Anschließend, *Schritt 5*, schabt er mit dem Taschenmesser im Inneren der Eihälfte rum und kratzt das kleine bisschen festes Eiweiß darin von der Schale. *Chrrrrrikkk, chrrrrrikkk.*

Einschub: Kennen Sie das Geräusch von Fingernägeln, die über eine Schultafel gezogen werden? Jetzt versuchen Sie sich dieses Geräusch bitte vorzustellen, während Ihnen gleichzeitig der Geruch kalter, gekochter Eier in die Nase steigt. Und jetzt stellen Sie sich bitte noch vor, Sie sitzen dabei in einem Neigetechnik-ICE auf dem Weg durchs kurvenreiche Saaletal. Chrrrrrikkk.

Schritt 6: Er rührt mit der Taschenmesserspitze alles, was er noch von der Eierschale gekratzt hat, im Ei zu einem flüssigen Brei. Wieso ich weiß, dass es ein flüssiger Brei ist?

Schritt 7: Schlürppp! Er kippt den letzten Inhalt aus der Schale wie einen Schnaps auf ex. Eierlikör, yummie-yummie!

Schritt 8: Wiederholung der Schritte 4 bis 7 mit der zweiten Hälfte des Eis.

Mein Blick fällt auf den Gefrierbeutel auf dem Tisch. Darin: noch sechs weitere Eier. Er wird doch wohl nicht ...? Der Eiermann greift in den Beutel. Er wird!

Runde 2, Schritt 1. Nun gut. Er ist Proll. Er braucht Eiweiß. Viel Eiweiß. Er ist mehr so der sportliche Typ. Er trägt eine Jogginghose. Mit Eiweißflecken natürlich. Und er ist zu doof zum Eierkochen.

Was empfiehlt eigentlich der Knigge in so einer Situation? Was sagt man in so einem Fall?

»Verzeihung, der Herr, aber könnten Sie vielleicht etwas weniger eklig essen ... *bitte*?«

Wäre das klug? Schließlich rührt der Eiermann gerade so gekonnt mit seinem Klappmesser im Ei rum, als habe er das zuvor in sehr vielen Wunden geübt. Und habe ich überhaupt das Recht, etwas zu sagen? Schließlich sitzen wir auf den Schwerbehindertenplätzen. Weiß ich, ob der Typ nicht als Antwort auf meine höflich vorgetragene Bitte einen der vielen Reißverschlüsse seines Kapuzenpullis aufzieht und aus der Tasche unter der linken Achselhöhle einen Schwerbehindertenausweis hervorzieht, der ihm eine neunzigprozentige Proteinbehinderung attestiert?

Die Schaffnerin behandelt den Eiermann auch seltsam zuvorkommend. Sein Tisch ist inzwischen besudelt von Flüssigei. Sie kommt vorbei, sieht, wird bleich, würgt und kehrt kurz darauf mit einer Handvoll Papiertüchern zurück. »Hier, sieht aus, als könnten Sie die – *gulp* – gebrauchen.«

»Danke«, sagt der Eiermann.

Oder für den Heilungsprozess seines steifen Beins ist das nötig. Vielleicht hat ihm sein Orthopäde, Osteopath, Heilpraktiker, Knastbruder oder Bewährungshelfer eiweißreiche Nahrung empfohlen. Weil sein Bein doch steif ist, weil flüssiges Eiweiß die Gelenke schmiert, weil ... weil der Konsum großer Mengen halb garen, teilgeronnenen, kalten Eiweißes super hilft gegen ... *Mitmenschen* zum Beispiel.

Vielleicht will er diesen ja auch für immer entfliehen! Womöglich werde ich gerade Zeuge eines Suizids. Vielleicht ist der Eiermann schwer herzkrank und setzt sich gerade in aller Öffentlichkeit eine Überdosis Cholesterin.

Bei Runde 3 gebe ich auf.

Mit einem Fläuegefühl im Magen lasse ich meinen aufgeklappten Laptop stehen und setze mich vier Reihen weiter nach hinten. Dort hänge ich in der Sitzschale, jedoch erinnert mich schon das Wort »Sitzschale« an »Eierschale«. Ich möchte an etwas anderes denken, geht aber nicht, denn immer wieder höre ich es schlürfen. Ich versuche mitzuzählen, nur noch neunmal Schürfen, dabei döse ich kurz weg. Ich träume davon, wie mich der Eiermann in meiner Sitzschale mit seinem Messer zu Brei rührt und aufschlürft.

Ich schrecke hoch, zuckend und mit einem kleinen Schrei. Ich werde sehr seltsam angeguckt. Ich setze mich zurück auf den Schwerbehindertenplatz, was die anderen Fahrgäste zu beruhigen scheint.

Der Eiermann ist verschwunden, sein Gepäck noch da. Kurz darauf kommt er zurückgehumpelt mit einer vollen Biertulpe aus dem Speisewagen. Na gut, es ist 11 Uhr morgens, da kann man sich schon mal ein erstes Feierabendpils gönnen. Wahrscheinlich muss er um 17 Uhr zurück in der JVA Tegel sein und will sich bis dahin ordentlich zulöten.

Ich will nicht wissen, was ein halber Liter Bier auf sieben weich gekochten Eiern im Magen macht. Insgeheim befürchte ich einen Mentos-Cola-Effekt.

Inzwischen bin ich überzeugt, dass der Proll schwer einen an der Eierwaffel hat. Dazu müsste sein Handy jetzt gar nicht noch Schlager in den Waggon plärren – Frauenstimme, Dummbeuteltakt, könnte Helene Fischer sein, gleich fängt der Eiermann zu klatschen an. Stattdessen lässt er seine nicht eingestöpselten, quietschepinken Ohrstecker wie ein Bonsailasso kreisen und wartet offensichtlich darauf, dass sich jemand beschwert. Ich tue ihm den Gefallen: »Wenn Sie die Kopfhörer schon in der Hand haben, könnten Sie sie vielleicht auch benutzen?«

»Wieso'nn?«

»Ich versuche, mich zu konzentrieren.« Ich deute auf meinen Laptop.

»Bist' nicht multitaskingfähig, wa?«

Ich versuche es mit Immanuel Kant: »Na ja, wenn hier alle im ganzen Waggon ihre Musik laut hören würden ...«

»Na, dit wär'n schönet Durchanander!«, sagt der Eiermann und grinst. »Was schreibste'n da überhaupt?«

»Äh, einen Text.«

»Worüber'nn?«

»Über Sie!«, sag ich natürlich nicht. Er hat ein Klappmesser und ist in Übung. Ich sage: »Lebensmitteltechnologie.«

»Klingt eklig«, sagt der Eiermann.

ANKUNFT IN TEGEL

Frank Sorge

Ankunft Tegel. Erst mal unschlüssige Touristen vorm BVG-Automaten zur Seite schieben. »Leute, ick zeig euch mal, wie dit hier jeht!«

So nämlich geht das. Sogar richtig gut, von mir aus betrachtet. Erst mal erledigen, was erledigt werden kann. Vordrängeln, aber mit gutem Grund, dann flutscht es. Allen ist geholfen und mir besonders. Erscheint mir jedenfalls hilfreicher als manch andere Hilfsbereitschaft. Die Hilfsbereitschaft selbst ist grundsätzlich lobenswert und nicht hoch genug zu schätzen, aber sie sollte nicht mit der Hilfe selbst verwechselt werden. Der Fahrscheinautomat ist in einem fremden Land oft die erste Gelegenheit, diesbezügliche Sitten kennenzulernen.

Ankunft Tokio. Japan ist weit weg, ausreichend fremd, und die Einwohner benutzen zur Kommunikation wahnsinnig komplizierte Schriftzeichen, für die sie selbst Jahrzehnte zum Erlernen brauchen. Dagegen wirken die Fahrscheinautomaten in Japan direkt vertraut, Tasten, ein Menü, Bildschirm und Einwurfschlitze. U-Bahn in Tokio – so kompliziert kann das im Grunde nicht sein.

Während wir also kurz bei der Bedienung zögern, um das Menü möglichst auf Englisch umzustellen, tritt der erste Japaner heran, um zu helfen. Hilfsbereitschaft wurde vor 8700 Jahren in Japan erfunden und vor den Zeiten der Isolation seitdem beständig bis in die ganze Welt verbreitet. Das Schriftzeichen für Hilfsbereitschaft hat im Japanischen fünfzig verschiedene Lautgraustufen, und jede schmeckt wie dreißig Wörter für Schnee. Es gibt eine spezielle Gensequenz, auf der Hilfsbereitschaft dankend Platz genommen hat, um sich schließlich in jedem Japaner noch vor der Muttermilch wiederzufinden. »Need help?«

Was anderes als »Yes« sollen wir sagen? Vielleicht brauchen wir keine, aber mit Hilfe wäre uns sicher geholfen. Außerdem kommt gleich nach der japanischen Hilfsbereitschaft die Höflichkeit, so erscheint es mir unglücklich, gleich am ersten Tag beiden Säulen der hiesigen Kultur ans Bein zu pinkeln.

»Yes.«
»What you wanna do?«
»Buy a ticket.«
»Buy?«
»Yes.«
»Buy?«
»Yes, two tickets for metro.«
»Metro?«
»Yes.«
»Ah!«
»Yes, buy a ticket.«

Unter normalen Umständen hätte die Zeit dieses Ablenkungsmanövers für meine Freundin gereicht, um am Menü das Rätsel selbst zu lösen. Sie ist Ingenieurin. Aber wir haben Babyzwillinge dabei, jeder einen vor dem Bauch, und ihrer nutzt die Chance zum Zappeln und zum Bedienen des Touchscreens. Sie sind noch kein Jahr alt, aber Touchscreens sind schon eine große Leidenschaft. Souverän wischen sie Fotogalerien durch und stellen mit geheimen Tastenkombinationen den Werkszustand eines Telefons wieder her. Da sie aber noch weniger Japanisch und Englisch können, trifft das Kind die falsche Taste auf dem Automatenbildschirm. Also noch mal.

Der nächste Japaner kommt heran und fragt jetzt sie, ob er helfen könne. So wird uns zeitgleich zweimal geholfen, im Wesentlichen aber nur bei einem Versuch der Völkerverständigung. Von Fahrscheinen ist bald kaum noch die Rede.

»Ah, twins, you have twins?«
»Yes, twins – but no tickets.«
»Boy or girl?«
»Boy and girl.«
»Ah, boy.«
»Yes, *buy*, we want to buy tickets.«

Verzweifelt versucht meine Freundin, am Gespräch vorbei das Menü am Bildschirm zu verstehen und zu bedienen. Fast hat sie es geschafft, signalisiert sie mir verstohlen, während sich weitere hilfsbereite Japaner der Situation annehmen und zu verstehen versuchen, was wir eigentlich machen möchten. Einer aber drängt sich gleich an den Bildschirm, um uns zu helfen, ist irritiert vom englischen Menü, stellt alles auf null – unsere Tickets sind wieder verloren.

»Need help?«
»Yes, yes, we are in urgent need for help.«

Es hat ja keinen Sinn, wir winken alle heran, die fragend zu uns herüberschauen. Im Grunde gibt es nur diese Chance.

»Need help?«
»Yes, this man needs help to help us. He is Japanese, so you can talk Japanese with him. Please help him.«
»Need help?«
»Yes, help him, he is the one who wants to help the one who helps us.«

Bald also sind alle Helfer damit beschäftigt, sich gegenseitig zu helfen. Wir geraten in den Windschatten der Situation, meine Freundin kann zu einem anderen Automaten wegtauchen und uns zwei Tickets besorgen.

Langsam schleichen wir uns aus dem Pulk helfender Japaner und entscheiden uns dagegen, ihnen Bescheid zu geben, dass unser Problem gelöst ist. Denn dort an der U-Bahn gibt es nur Treppen, wir werden den Kinderwagen tragen müssen. Irgendwann wollen wir aber auch am Zielort ankommen. Wir müssen also schnell sein, bevor uns jemand Hilfe anbietet.

KAPITEL 7

Berlin widersetzen

MEINE ZEIT IST GEKOMMEN, ICH KRIEGE SIE ALLE

Robert Rescue

Endlich gibt es mal eine vernünftige App für mein Smartphone. Keine Wetter-App, bei der man das Wetter für morgen erraten muss, weil die Software umsonst ist, kein *Tinder*, *Finder*, *Rinder* oder wie das alles heißen mag, mit denen man sich niederschmetternde Sexdates herbeiwischen kann, und auch kein *Pokémon Go*, obwohl: Damit hat die neue, die einzig wahre Super-App gewisse Ähnlichkeiten. Ich spreche von der App, mit der Menschen wie ich, die sich über jede Störung der öffentlichen Ordnung aufregen, die sich einen sauberen Kiez wünschen und die generell alle Missetäter zur Hölle schicken wollen, endlich einen Teil dazu beitragen können, dass die Welt eine bessere wird. Gemeint ist die Ordnungsamt-App, im Volksmund auch »Blockwart-App« genannt. Endlich mal eine gelungene Aktion vom Innensenator. Jetzt ist es mir möglich, die ganzen Sperrmüllablagerer zu melden, die Bei-Rot-über-die-Ampel-Geher wie auch die Bei-Rot-über-die-Ampel-Geher-wenn-ein-Kind-zugegen-ist, die diversen Nacktjogger (obwohl, da muss ich abwägen, wer genau da nackt joggt) und die besoffenen Öffentlichkeitsurinierer. Eine Schande für das Gemeinwesen!

Fehlende Gullydeckel dagegen werde ich nicht melden, denn die sind ein bewährtes Mittel, um unaufmerksame Dauer-Smartphone-Nutzer zu entsorgen.

Also installiere ich die Software und checke in der kinderleicht zu bedienenden App zuerst das Menü »Meldungen in der Nähe«:

Keine Meldungen zu entdecken. Das wundert mich nicht, denn in meinem Kiez bin ich der einzige ehrbare Bürger mit einer makellos weißen Weste. Ich muss los zu einem Auftritt und bin gespannt, wen oder was ich unterwegs anzeige. Mindestens ein paar Radfahrer, die den Bürgersteig nutzen, vielleicht auch welche ohne Licht und im günstigsten Fall welche ohne Licht, auf dem Bürgersteig fahrend und telefonierend. Früher habe ich ja meine mobile Eisenstange ausgefahren und die Delinquenten zu Fall gebracht, aber einige glaubten das Recht auf ihrer Seite und haben mich angegriffen. Jetzt werde ich unauffällig vorgehen, und die wohlige Aussicht, dass diese Leute in zwei Wochen einen saftigen Bußgeldbescheid im Briefkasten finden werden, macht mich fröhlich.

Auf dem Weg nach Hause wächst meine Enttäuschung. Nur ein Schaden fällt mir auf. An einer Kreuzung ist bei einem Verkehrsschild in drei Metern Höhe die Hälfte abgerissen worden. Wer macht so etwas? Bei der Höhe kann das nur ein Lkw gewesen sein. Also starte ich die App und fotografiere das zerstörte Schild, damit die App die GPS-Koordinaten auslesen kann.

Dann gebe ich bei Google »Spedition+Berlin« ein und kopiere Namen und Adresse des ersten Treffers in das Beschreibungsfeld. Spediteure sind doch generell als Verkehrsrowdys bekannt.

Beweisen, dass er es nicht war, kann er sicherlich nicht, und einer muss, stellvertretend für die ganze Zunft, bestraft werden. Aber zerstörte Straßenschilder stehen für einen Vollblutdenunzianten wie mich nicht auf der Top-Ten-Liste, deshalb bin ich unzufrieden.

Ich schaue auf die Uhr. Gleich werde ich mehr Glück haben. Ich stelle mich in der dunklen Küche ans Fenster und warte. Familie Kubinski aus dem Vorderhaus hat sich neue

Möbel gekauft, und was macht man als Krimineller in einem Fall, wenn man die BSR für einen Schreibfehler von BVG hält und Werthöfe nur in Form eines Pfandflaschenautomaten im Discounter kennt? Richtig, man stellt die alten, gammeligen Möbel bei Nacht und Nebel in den Hof und gibt sich der falschen Vorstellung hin, einer der Nachbarn könnte die noch gebrauchen. Dann ist es so weit. Erst kommt Tochter Luise-Marie heraus und checkt die Lage. Luise-Marie mag Sport, Erdkunde und Harry Potter. Dann kommt ihr Bruder Jason-Heinz. Er mag Basketball, schwimmen und Computerspiele. Er trägt einen kleinen Tisch und stellt ihn leise neben den Hausmüllcontainer. Dann folgen Mutter Liselotte (Rad fahren, Kino und Harry Potter) und dahinter Vater Gerd-Joachim (an PCs basteln, Rennspiele, Gartenarbeit), die beide einen Kleiderschrank stemmen. Woher ich so viel über die Familie weiß? Ich habe sie gegoogelt und ihre private Homepage gefunden. Eine private Homepage in Neunzigerjahreoptik mit bunten GIF-Bildern und ausführlichen Beschreibungen der Lebensläufe der Familie. Ich habe die Seite genau studiert und anschließend einen epileptischen Anfall bekommen wegen des intensiven Blinkens und der Farbvielfalt.

Ich mache zwei Fotos und lade sie in der App hoch. In das Beschreibungsfeld tippe ich die Adresse ihrer Homepage ein. Natürlich ist meine Meldung anonym, gute Petzen agieren stets aus dem Hinterhalt. Zufrieden gehe ich ins Bett und schlafe den Schlaf der Gerechten.

Am nächsten Tag treffe ich auf Murat. Er ist der Hausmeister des Christencafés im Vorderhaus. Er lebt für seinen Job, ist den ganzen Tag dort anwesend und kümmert sich um alles. Der Sessel, den die Christengemeinde auf den Bürgersteig gestellt hat, ist mir allerdings seit Tagen ein Dorn im Auge. Ich spreche ihn drauf an.

»Wir dachten, ihn nimmt jemand mit. Ein Bedürftiger, der Möbel braucht«, erklärt Murat. »Hat ihn jemand mitgenommen?«, frage ich rhetorisch.

Murat verneint. »Es hat die letzten Tage viel geregnet«, belehre ich ihn. »Das Ding ist feucht. Das werdet ihr nicht mehr los. Du verhältst dich nicht gesetzestreu, Murat.«

Ich zücke mein Smartphone. »Tut mir leid«, sage ich. »Aber ich kann ab sofort nichts mehr durchgehen lassen. Ich darf mich in der Ausübung meiner bürgerlichen Pflichten nicht durch eine gewisse Sympathie für dich behindern lassen.«

Tage später bin ich bei Tante Käthe in Zehlendorf. Wir sitzen in ihrem tausend Quadratmeter großen Garten und schauen den Bediensteten bei ihrer Plackerei zu. Ich starte die App und scanne die Umgebung. Natürlich keine Meldungen. »Sag mal, Tante Käthe, kennt ihr so was? Nachbarn stellen ihre alten Möbel auf die Straße und kümmern sich dann nicht weiter drum. Was macht ihr dann?«, frage ich neugierig.

»Ach, Junge«, antwortet Tante Käthe. »Die meisten Nachbarn besitzen Rokoko, Frühbarock, Biedermeier und Aachen-Lütticher Stil. Die Möbel altern und werden immer wertvoller. Aber es gibt auch Leute in diesem Viertel. Also ›Leute‹ im Sinne von ›Leuten‹, nicht ›Nachbarn‹. Die neigen zu so etwas. Aber es gibt dann immer einen freundlichen Nachbarn, der im Interesse der Gemeinschaft handelt und den Missstand beseitigt.«

»Und wie macht ihr das?«, frage ich. »Sagt ihr dem Ordnungsamt Bescheid? Oder benutzt ihr die neue App?«

»Nein«, antwortet Tante Käthe. »Wir rufen den freundlichen, italienischen Gentleman Lorenzo Calzone. Er ist Besitzer der Grunewalder Beton-Union. Die ›Leute‹ sind danach, wie soll ich es ausdrücken ... *weggezogen*.«

Inzwischen habe ich erste Rückmeldungen vom Ordnungsamt Mitte bekommen. Es bedankt sich für meine Mithilfe, meine »erstaunliche Mithilfe«, wie das Amt extra betont. Schließlich habe ich mittlerweile über 200 Ordnungswidrigkeiten gemeldet und mir im Kiez einen Namen gemacht. Das Straßenbild hat sich gewandelt. Es ist jetzt so, wie ich es haben will. Radfahrer steigen ab, wenn sie mich sehen, und Sperrmüll ist nicht mehr zu sehen. Murat, der wegen dem Sessel zu einer Geldstrafe verurteilt wurde, die er nicht zahlen kann, leistet seine gemeinnützige Arbeit bei mir ab und hält für mich die Augen auf.

Nur Karla, die Studentin aus dem Seitenflügel, lasse ich in Ruhe. Sie ist ja auch nachts unterwegs, wenn es auf der Straße ruhig ist. Ich habe sie mal gefragt, und sie meinte, das wäre was Schamanisches, um die Seele zu reinigen und mit Mutter Natur in Einklang zu kommen. Anfangen kann ich damit nicht viel, aber zumindest klingt es nicht nach einem Gesetzesverstoß. Nur manchmal regt sich in mir Widerwillen. Wenn es regnet oder kalt ist. Dann kann sie natürlich auch joggen, aber sie sollte sich wenigstens was anziehen.

BRIEFE AN DIE BERLINER

Heiko Werning

1

»*Inhabergeführte Labels*« o. Ä. der Rosa-Luxemburg-Straße, Berlin-Mitte!
Ihr seid zu siebt, verkauft superteuren, aber natürlich total trendigen Edelramsch für kreative Agenturbonzen und findet aber, dass Ihr noch viel mehr verkaufen könntet von Euren »facettenreichen Unikaten« aus »ausschließlich edlen Materialien«, von Eurem »floralen Dekorationsinterieur«, der »globalen Balkon- und Terrassenbepflanzung« sowie Eurer »floralen Eventgestaltung«. Und deshalb habt Ihr »eine gemeinsame Plakat-, Print-, Aufkleber- und Social-Media-Kampagne gestartet« unter dem einprägsamen Namen »Rosa Luxemburg goes shopping«, »die in Anlehnung an den Vornamen der Straßennamensgeberin in knalligem Rosa gehalten ist«, denn: »›Rosa Luxemburg‹ steht für ein authentisches Berlin-Mitte-Shopping-Erlebnis mit inhabergeführten Läden, Labels mit Werkstatt und individuell gestalteten Geschäftspräsentationen.«

Und da sagt Ihr ja auch was Wahres: Für wenig sonst steht Rosa Luxemburg so sehr wie für ein authentisches Berlin-Mitte-Shopping-Erlebnis. Dann beschwert Euch aber auch nicht, wenn Ihr demnächst in Eure »kompromisslosen Entwürfe mit Modedetails und Accessoires« beziehungsweise in Euren »in dutzenden Architektur- und Reiseführern« empfohlenen »Dessous und Homewear« eingewickelt im Landwehrkanal treibt.

Bis es so weit ist, heißt es für uns aber immer noch: Freiheit ist immer auch die Freiheit des Anderskaufenden. Gehen dann doch lieber zu Woolworth:
die Brauseboys

2

Senat von Berlin!
Da hast Du also eine neue PR-Kampagne ausgeschrieben: »Ziel ist, mit der Kommunikationsstrategie Berlin als Fahrradhauptstadt sowie das Radfahren in Berlin und die damit verbundenen Effekte weiter zu etablieren, zu entwickeln und zu stärken.« Die mit dem Radfahren in Berlin verbundenen Effekte weiter etablieren, entwickeln und stärken? Welche mit dem Radfahren in Berlin verbundenen Effekte meinst Du denn genau? Den, von Rechtsabbiegern umgenietet zu werden? Oder den, von durchgedrehten Autofahrern krankenhausreif geprügelt zu werden, wenn man mal mangels Radweg auf der Fahrbahn fahren musste? Ist es denn wirklich schon so schlimm mit der Wohnungsnot in der Hauptstadt, dass Du auf anderem Weg keinen freien Wohnraum mehr schaffen kannst?

Na dann – Hals- und Beinbruch:
die Brauseboys

3

Namenloser Einwohner von Prenzlauer Berg!
Da wurde in Deiner Nachbarschaft einst ein Rentner ermordet, was aber niemandem weiter auffiel, da die Leiche vom Täter zerstückelt in einem Tiefkühlschrank eingelagert wurde. Zehn Jahre später hat dann doch mal jemand in die Truhe geguckt, das Hallo war groß, und anschließend fragte der Tagesspiegel angesichts dieser eiskalten News ein wenig in der Gegend herum und auch Dich, der Du jahrzehntelang im selben Haus wohntest wie das Opfer. Du zeigtest Dich pflicht-

gemäß betroffen und erinnertest Dich sogar noch an den Rentner, denn schließlich habe er stets »freundlich und jung geblieben« gewirkt. Und ja, das können wir uns sehr gut vorstellen. Wir würden uns sogar fast zu der Aussage versteigen, dass der Mann sich für sein Alter überraschend gut gehalten hat. Nur dieses eiskalte Lächeln, das hätte Dich vielleicht doch misstrauisch machen können!

Nicht mehr ganz frisch:
die Brauseboys

4

Historischer Beirat des Regierenden Bürgermeisters von Berlin!
Es ist gut, dass Du gerade in der Hauptstadt mit ihrer ja oft ein wenig heiklen Geschichte Wert auf die großen historischen Zusammenhänge legst. Deswegen begrüßen wir es sehr, dass Du den Antrag des Historikers Michael Wolffsohn abgelehnt hast, der eine Gedenktafel für das Varieté-Theater *Scala* gefordert hatte, dessen jüdische Eigentümer 1933/34 entschädigungslos von den Nazis enteignet worden waren. Völlig zu Recht bemerkst Du in Deinem Ablehnungsbescheid: »Auf einer Berliner Gedenktafel (40 x 60 cm) stehen leider nur wenige Textzeilen zur Verfügung.« Und wie sollte man auf diesem beengten Raum die komplexen Vorgänge auch angemessen einordnen? Denn dass diese Juden sich jahrhundertelang den Immobilienmarkt unter den Nagel gerissen, alles Kapital an sich gerafft, unsere Brunnen vergiftet und unsere Kinder rituell umgebracht haben, was dann nun mal bedauerlicherweise auch zu einer Enteignung geführt hat – das kann man ja unmöglich auf 40 x 60 cm nachvollziehbar darstellen, dafür bräuchte man schon eine ganze Kuhhaut! Oder zumindest doch eine Jakob-Augstein-Kolumne.

Für Dich nur ganz wenige Textzeilen:
die Brauseboys

5

Berliner Chaoten!
Was mussten wir da in der *Bild*-Zeitung über Euch lesen? Das hier: »Berliner Chaoten planen Terrorwoche!« Wir hoffen, Ihr habt dabei nichts vergessen: Voranmeldung, Ablauf, Aufräumdienst hinterher und den Putzplan. Will ja alles gut organisiert sein. Und bitte nicht vergessen, einen Termin mit der Springer-Presse zu machen!
    Raten die Chaostheoretiker der:
Brauseboys

6

Dr. Nicolaus Fest!
als Mitglied der *Bild*-Chefredaktion konnten Sie naturgemäß in Ihrer Zeitung Ihrem Drang nach längeren Texten nicht hinreichend nachgehen. Dabei haben Sie uns doch so viel zu sagen! Vor allem zum Themenkomplex Migration und »Multi-Kulti«. Und deshalb schrieben Sie das Internet unter dem Titel »hieb- und stichfest« voll. Bereits im Jahr 2008 mit dem Folgenden: »Immigration und Geburtenrate verändern die politischen Gewichte. Und wo immer hinreichend große Kulturen innerhalb eines Landes aufeinander treffen, kommt es über kurz oder lang zu interkulturellen Konflikten ... Erst wird kulturelle Autonomie gefordert, dann politische Mitbestimmung ... Kulturfragen sind Machtfragen. Machtfragen streben immer zur Lösung. In Europa war die meist blutig.« Im Klartext also: Wenn weiterhin die Muselmanen hier massenhaft einziehen und sich dann noch vermehren wie die Karnickel, droht uns letztlich die blutige Auslöschung. Aber ist es schon zu spät? Ein Blick in die Geschichte macht Hoffnung, denn es gab ja, gottlob, »die Zeit der großen ›ethnischen Säuberungen‹. Überall wurde umgebracht, deportiert und vertrieben.« Nicht schön, sicherlich, aber »es brachte auch homogene Gesell-

schaften – und damit vielen europäischen Ländern Frieden und Stabilität.« Ohne Deportation oder Völkermord ist ein Leben in Frieden ja kaum denkbar. »Angesichts dessen ist die hohe Meinung, die manche von der freien innereuropäischen Wahl des Wohnortes wie vom multi-kulturellen Zusammenleben haben, ebenso erstaunlich wie die Leichtfertigkeit, mit der Deutschland zum Einwanderungsland erklärt wird. Nachdem vor nicht einmal 70 Jahren ganze Völkerschaften der inneren Stabilität Europas geopfert wurden, scheinen die Vorteile homogener Gesellschaften inzwischen fast vergessen«. – Oha, Dr. Fest: Vor nicht einmal 70 Jahren? Also so 1938 ff.? Als ganze Juden- und Russenvölkerschaften leiderleider der inneren Stabilität Europas und Großdeutschlands Homogenität geopfert werden mussten?

Passen Sie bloß auf, dass Ihre Abschreiberei nicht auffällt; die eine oder andere Bibliothek dürfte noch ein paar Bände »Das Reich« vorrätig haben. Oder haben Sie's aus Ihrer Privatsammlung des *Völkischen Beobachters*?

Die Fahne hoch:
die Brauseboys

PS:

Aber was ist denn bei Ihnen passiert, nachdem Sie bei der *Bild* rausgeflogen sind? Linksruck? Plötzlich schwul geworden? Bei einem Moslem angesteckt? Oder wie sonst sollen wir es verstehen, dass ausgerechnet Sie anschließend Ihren Beitritt zur verweichlichten bis geradezu verweibischten (Petry! Von Storch! Die Weidel-Lesbe!) AfD erklärten und sich prompt bei der Bundestagswahl 2017 als Direktkandidat für den Wahlkreis Charlottenburg-Wilmersdorf aufstellen ließen? Lag's daran, dass die Geschäftsstelle der NSDAP auf Ihren Mitgliedsantrag hin einfach nicht geantwortet hat?

7
Und Du wiederum, Junge Union Berlin-Neukölln,
hast es nach der üblichen Randale einiger mutmaßlicher Autonomer in Berlin dem selbst ernannten »Kommando Klaus Jürgen Rattay und allen anderen linken Spinnern da draußen« aber mal so richtig gezeigt – und ihnen einen offenen Brief geschrieben! Ob sich die linke Szene davon je wieder erholen wird, ist ungewiss: »Es wird der Tag kommen, an dem auch Eure letzten Unterstützer bei Linkspartei und Grünen erkennen, dass Ihr der Terror seid, den wir gemeinsam bekämpfen müssen. Es wird der Tag kommen, an dem sich auch der letzte Eurer klammheimlichen Claqueure angewidert von Euch abwenden wird. Bis dahin könnt Ihr Euch auf tägliche Besuche des Staates freuen. Wir stehen hinter unserer Polizei und feiern jede Durchsuchung in Euren Löchern hart.« Aber trotz härtesten Feierns findet Ihr noch die Kraft für eine Weissagung der Neukölln-Cree: »Mit jedem Auto, das Ihr anzündet, mit jedem Stein, den Ihr werft, und mit jeder Scheibe, die Ihr einschlagt, kommt Ihr Eurem Untergang einen Schritt näher.« Wohl wahr! Aber denkt andererseits auch daran: Erst wenn der letzte Besuch vom Staat gemacht, das letzte Loch durchsucht und der letzte Polizist hart abgefeiert ist, werdet Ihr erkennen, dass all die linken Spinner da draußen sich schlapplachen über Euch.

Applaudieren klammheimlich:
die Brauseboys

8
He da, »Barn Roastery« in der Schönhauser Allee!
Du bist ein weiterer Hang-out für hipsterige Prenzlauer-Berg-Insassen, die Geschmack durch einen besonders affektierten Kaffeepurismus zu ersetzen suchen. Weshalb es bei Dir weder Kaffeesahne noch Industriezucker noch, huch!, Babys gibt.

Zumindest nicht im Kinderwagen, weil Du einen Poller in den Eingang gestellt hast, um die Einfahrt der lästigen Schreihälse zu verhindern. Daraufhin brach in der Berliner Provinz ein ziemlicher Sturm in der Kaffeetasse los, den Du ganz verständnislos kommentiertest: Du hättest ja gar nichts gegen Kinder, solange die sich ruhig verhielten, und von Diskriminierung könne ohnehin keine Rede sein, schließlich sei der Besitzer des Ladens ja selbst schwul.

Wir nun wiederum haben weiß Gott nichts gegen Schwule, solange sie unseren Biergenuss nicht durch unbotmäßiges Herumgetunte, hysterisches Kichern und den von der Kaffeetasse abgespreizten kleinen Finger stören, aber wenn wir demnächst an unsere Lieblingskneipe ein »Homos verboten«-Schild hängen, hat auch das gewiss nichts mit Diskriminierung zu tun, schließlich haben einige von uns ja selbst sogar Babys!

Deine Kindsköpfe von den
Brauseboys

PS:
Wusstest Du eigentlich, dass »Barn« im skandinavischen Raum das Wort für »Kinder« ist? »Barn Roastery« – »Kinderrösterei«? Dann dient der Poller womöglich einfach nur dem Schutz der Kleinen? Wir wollen's lieber gar nicht wissen.

9

Lustig, lustig, Berliner Sparkasse,
war Deine Kampagne, die Deinen Online-Bankkunden die Abschaffung der alten TAN-Listen schmackhaft machen und sie dazu bewegen sollte, sich entweder allen Ernstes ein eigenes Lesegerät erst zu kaufen und dann an den Computer zu stöpseln, das sich die Nummern dann von irgendeiner Chipkarte zieht, oder sich selbige via SMS auf das Handy schicken zu

lassen. »Yes, we TAN«, wie Du zu texten beliebtest. Und bei der Entscheidung sollten einem »die ParTANtage der TANdidatinnen« helfen, denn »die heiße Phase des WahlTANzes beginnt. Auch wenn die beiden schon viele Wähler von ihrer KompeTANz überzeugen konnten«, manche wollen eben doch noch »mit vollem TANgagement für das Thema Sicherheit beim Online-Banking sensibilisiert werden«, und sei es durch die Verlosung von »TANkgutscheinen«.

Aber sicher doch. TANtastisch. Aber, merke auf, Berliner Sparkasse: TANd, TANd ist das Gebilde von Menschenhand!

Streng:

die Brauseboys

10

Deike Diening, c/o Tagesspiegel*!*
Sie nahmen die Diskussion über Gewalt im öffentlichen Nahverkehr zum Anlass und machten sich auf in den Berliner Untergrund, genau genommen: Sie fuhren mehrere Stationen lang (am Stück!) mit der U-Bahn, »um kurz vor zehn Uhr abends«, also schon nach Einbruch der Dunkelheit! Die Szenerie ist beängstigend: »Die Augen schließen. Die Zeitung entfalten. Simsen. Dumm anmachen. Sich tot stellen. Sich vergessen. Sterben auch?« Das vielleicht doch noch nicht, denn zum Glück sind Sie unterwegs mit einem »Antigewalttrainer« und »Ninjutsu-Kämpfer«, nämlich »Philip Dao, 38, Körperspannung«. – »Mit wem sonst sollte man U-Bahn fahren in diesen Tagen?« Gute Frage. Mit wem sonst als einem Ninjutsu-Kämpfer mit Körperspannung? Denn es ist ja auch wirklich brandgefährlich: »Als eine lärmende Gruppe Jugendlicher samt Getränken den Wagen verlässt, sacken die anderen Passagiere erleichtert in ihre Sitze zurück. In sich selbst versunken schaukeln die Körper der bunten Sommermenschen aufgereiht in einem dieser endlosen Waggons wie Algen im

Wasser.« Uff, das war knapp, »denn im Gegensatz zum Vollkasko-Leben der Autofahrer in ihren schützenden Karossen ist der U-Bahn-Fahrgast zurückgeworfen auf seinen eigenen Körper, auf dessen Ausstrahlung und manchmal sogar auf seine Kraft.«

Deike Diening! Wenn Sie sich von den Strapazen Ihrer Reise erholt haben, gehen Sie doch mal aufs Ganze und besuchen Sie, vielleicht begleitet mit einem Fremdenlegionär, der gerade aus Afrika zurückgekommen ist, eine jener legendären »Tanztee«-Veranstaltungen, wo in sich selbst versunkene Gruppen Herbstmenschen samt Getränken wie Algen im unruhigen Wasser und zurückgeworfen auf ihre eigenen Körper und deren Ausstrahlung lärmend über die Tanzfläche wirbeln, jederzeit bereit zu sterben.

Sacken erleichtert wie Tang in ihre Sitze zurück:
die Brauseboys

LLL

Volker Surmann

U-Bahnhof Potsdamer Platz, an einem Montag um 23 Uhr, der Bahnsteig verwaist. Nur ich und ein anderer Mann stehen an diesem Ende der Plattform. Ich warte, der andere Mann steht vor dem Stadtplan und reißt ihn ab. Fetzen für Fetzen knibbelt er vom Holz, und wenn seine Hände voll sind, läuft er zum Mülleimer, dann kehrt er zum Stadtplan zurück und fährt mit seiner geheimnisvollen Arbeit fort.

Ich beobachte ihn eine Weile. Sorgsam pult er an den ausgefransten Rändern des schon in Mitleidenschaft gezogenen Plans, bis sich wieder eine Lage löst. Gerade knüllt er Köpenick zusammen. Im nächsten Arbeitsgang zerquetscht er Friedenau und entsorgt beide Stadtteile vereint im Papierkorb. Anschließend pfriemelt er an Zehlendorf rum.

Er geht planvoll vor, mit kindlichem Eifer. Wie ich früher, wenn ich meiner Mutter beim Tapezieren half, da musste vorher die alte Tapete abgespachtelt werden, und je größer der Fetzen war, den man in einem Stück von der Wand kriegte, desto größer war die Befriedigung. Ist das sein Begehr? Emotionale Selbstbefriedigung durch Stadtplanzupferei? Ist das dieses kriminelle »Abziehen«, das ja oft im Umfeld von U-Bahnhöfen abgehen soll?

Ist er einer dieser lokal bekannten Quartiersverrückten? Wie die Zetteloma in Kreuzberg oder diese seltsame Frau, die mit Kinderkreide die Gehwege meines ganzen Kiezes einst mit kruden Prophezeihungen vollkritzelte und vor »ihnen«

warnte? Wird der junge Mann da bei hiesigen Anwohnern etwa belächelt als »der Stadtplanknibbler vom Potsdamer Platz«? Ich schüttle den Kopf ob meiner Einfalt: Anwohner am Potsdamer Platz ...

Wieso tut er das? Sollte ich ihm vielleicht zurufen »Was auch immer diese Stadt Ihnen angetan hat, so kriegen Sie Berlin nicht klein!«?

Doch der junge Mann wirkt nicht verrückt, sondern eher geheimnisvoll, still und zielstrebig, als folge er mit dem Plan einem Plan. Gerade setzt er seine Fingernägel an, aber Kreuzberg wehrt sich.

»Entschuldigung«, spreche ich den Mann an. »Verzeihen Sie meine Neugier, aber warum tun Sie das?«

Er dreht sich um. Er wirkt völlig klar und überlegt, als er mir antwortet: »Der Plan ist doch völlig veraltet, der bringt die Leute doch nur durcheinander.«

Ich folge seinem Blick zur Karte: Die U2 endet an der Vinetastraße; dort, wo der Hauptbahnhof eingezeichnet sein sollte, steht bloß »Lehrter Bahnhof«, es gibt keinen S-Bahn-Ring, Berlin besteht aus 23 Bezirken. Ohne Zweifel: Dieser Stadtplan ist mindestens 20 Jahre alt.

»Wenn wenigstens ›Historischer Stadtplan‹ drüberstände!«, echauffiert sich der Mann. »Aber gerade hier, wo so viele Touristen sind, verwirrt der doch nur.«

Früher war nicht alles besser – das ÖPNV-Netz Berlins sicher nicht, das verrät der olle Stadtplan sofort –, der Kleister aber schon. Alles, was über diesem Plan mal geklebt hat, ist verschwunden, er selbst immer noch da.

»Und deshalb greife ich korrigierend ein«, schließt der Fremde.

Wir schweigen einen Moment. Ich und der Stadtbildkorrektor, wie ich ihn für mich getauft habe. Dann sage ich leise: »Ich hab so was auch schon mal gemacht.«

Der Mann schaut mich neugierig an. Ich nehme das als Aufforderung fortzufahren: »Mein Bäcker wirbt auf einer Tafel neben der Tür immer für ›Wochenend's-Angebote‹«, erzähle ich. »Mit Apostroph bei ›Wochenend's‹. Da hab ich neulich mal den Apostroph heimlich weggewischt.« Der Stadtbildkorrektor zieht eine Augenbraue hoch. »Jaa«, räume ich zerknirscht ein, »ich weiß. Eigentlich müsste es ›Wochendangebote‹ heißen, zusammengeschrieben und ganz ohne ›s‹, aber da hat wohl jemand versucht, ›weekend's special‹ ins Deutsche zu übertragen, was ich kurios finde, dass ausgerechnet ein türkischer Aufbäcker aus dem Englischen übersetzt, aber vielleicht könnte man ihnen das ›Wochenends-Angebot‹ noch als Fugen-s durchgehen lassen.« Ich fühle mich wie zuletzt in meiner mündlichen Abiturprüfung.

Schweigend steigen wir in unsere U-Bahn ein, der Fremde setzt sich mit einem Pokerface neben mich und Kopfhörer auf. Als er an der Klosterstraße aussteigt, bleibt auf seinem Platz eine Visitenkarte zurück. Ich bemerke sie, als die Bahn wieder anrollt. Ich schaue aus dem Fenster, der Mann nickt mir kaum merklich zu, dann tauchen wir in den Tunnel ein. Auf der Visitenkarte steht nur »LLL« und eine Mobilnummer.

Ich bin jetzt seit ein paar Monaten dabei. Wir korrigieren die Stadt. Wir greifen ein, wo sprachliche Verwahrlosung herrscht. Wir sind die »Liga der listigen Lektoren«. LLL. Wir sind nicht viele, aber wir sind die Vorhut. Wir sind Berlins linguistische Stadtguerilla.

Wir haben immer Kreide dabei und machen uns den Umstand zunutze, dass Kreidetafeln in der Gastronomie gerade in Mode sind. Das ist gut. So konnte ich verhindern, dass in einem Café im Kreuzberger Graefekiez neulich »Mouse au Chocolat« auf den Nachtischteller kam.

Gut 90 Prozent unserer Arbeit besteht in der Entfernung

von Deppenapostrophen bei Genitiven, Pluralen und regulären »s« am Wortende. Ja, man kann tatsächlich »rechts« und »links«, »morgens« und »abends«, »jedes«, »alles« und »nichts« mit Apostroph schreiben! »Stet's frische Pizza« und »Kleintierpraxi's« – haben wir alles schon korrigiert. Oder Korrekturen angemahnt. Dann liegt im Briefkasten eine schwarze Benachrichtigungskarte: »Ihr Apostroph ist falsch. Wir kommen wieder.« Unterzeichnet: »LLL«.

Wo es geht, schreiten wir selber zur Tat: Wenn im Mediamarkt mal wieder »CD's und DVD's« angepriesen werden, lassen wir die Schilder einfach mitgehen und schicken sie anonym und korrigiert zurück.

Wenn der Blumenhändler im Frühjahr wieder »Nasitzen 1 Euro« anpreist, dann malen wir das Schild täuschend echt nach und tauschen es heimlich aus. »Guerilla Correcting« heißt dieser Trend aus den USA. Wir sind keine deutschtümelnden Sprachpfleger, wir haben nichts gegen solche Anglizismen, doch auch »News« und »Basics« schreibt man ohne Apostroph.

Wo es geht, entfernen wir Fehler selbst aus der Öffentlichkeit. Der junge Mann aus der U-Bahn hat es dort zu großer Meisterschaft gebracht. Er hat sich auf Stadtpläne und Aushänge spezialisiert. Ich darf seine Identität nicht enthüllen, aber sein Kampfname innerhalb der Liga lautet »bullshit eliminator«. Ich heiße »killer of apostrophes«.

Manchmal gehen wir auch weiter: Wir haben uns in das Computersystem des Senats eingehackt und in die städtische Bauordnung neben der berühmten Berliner Traufhöhe die Pflicht zur korrekten Orthografie am Gebäude hineingeschrieben. Darauf beziehen wir uns, wenn wir Bußgeldbescheide vom Landesamt für Orthografie und Wörterkunde verschicken oder strafbewehrte Unterlassungsaufforderungen von Fachanwälten für Grammatik aufgrund von Verbrechen gegen die Sprache im öffentlichen Raum.

Zugegeben: Wir stehen noch am Anfang. Und eigentlich dürfte ich dies auch gar nicht öffentlich ausbreiten, denn wir korrigieren stets im Verborgenen. Aber wir sind ja unter uns. Noch sind wir wenige. Wir kämpfen gegen die Windmühlen orthografischer Einfalt. Aber irgendwer muss es ja tun.

WAS MAN BERLINER
NIE FRAGEN SOLLTE

Thilo Bock

Frag einen Berliner nie nach dem Weg, es sei denn, du kennst den Weg sowieso und wolltest bloß noch eine unrealistische Alternative hören. Mach einen Berliner aber niemals auf seinen Irrtum aufmerksam. Mach einen Berliner überhaupt nie auf irgendeinen Irrtum aufmerksam. Das verursacht nur Unannehmlichkeiten für alle Beteiligten. Bevor ein Berliner das von ihm Gesagte oder Gemachte überdenkt, sorgt er für eine Veränderung der Faktenlage, was ihn jedoch in eine weitaus größere Bredouille bringt. Für eine Veränderung der Faktenlage müsste er vor allem seine Position aufgeben. Und ein Berliner macht vieles. Seiner Position aber bleibt er treu, sein Leben lang.

Frag einen in der U-Bahn sitzenden Berliner nie, ob der freie Platz neben ihm frei ist. Das überfordert ihn maßlos. Derartige Fragen kommen in seinem Weltbild nicht vor. Und hat er sie endlich verstanden, bist du sowieso nicht mehr da. Außer er hat dich spontan zu sich eingeladen und will dir gerade Gute Nacht sagen. Das ist allerdings sehr unrealistisch. Berliner sind nicht spontan. Frag daher nie einen Berliner, ob er spontan Lust hat, mit dir einen zu trinken. Erspar ihm einfach die Frage, und stell ihm gleich das Bier vor die Nase. Am besten in der nächsten Eckkneipe. Davon gibt es nicht mehr so viele, doch die, die immer sagen, es gäbe gar keine Urberliner mehr, sollten öfter mal so eine Eckkneipe aufsuchen.

Sei allerdings gewarnt: Bestell in Berlin nie ein kleines

Bier, jedenfalls nicht, solltest du durstig sein. Auf das nächste kannste nämlich lange warten. Zwar könnte man gleich ein neues ordern, wenn das erste Bier denn mal kommt, was jedoch oft als Beleidigung des Servierpersonals gewertet wird, weshalb man das zweite Bier binnen weniger Sekunden neben das erste gestellt kriegt und gefragt wird, ob man gleich ein drittes haben will.

Frag einen Berliner nach einem langen Abend in der Kneipe nie, ob er nicht langsam genug hat. Der Berliner trinkt immer auf Vorrat für schlechte Zeiten. Und schlechte Zeiten gibt es in Berlin zur Genüge. Meistens steckt der Berliner gerade mitten drin.

Frag einen Berliner nie nach der Zeit. Zeit ist das, was der Berliner nie hat. Berliner haben es immer eilig. Und frag um Gottes willen niemals, was sie so Dringendes vorhätten. Das Berlinersein erfüllt die Berliner voll und ganz, da brauchste kein weiteres Vorhaben. Der fortgeschrittene Berliner führt womöglich noch seinen Hund einmal ums Karree. Hoffen wir für den Hund, dass er gerade muss. Ein späteres Müssen würde ich mir anstelle des Hundes lieber verkneifen. Und frag den Berliner nie, ob er ein Tütchen dabeihat. Es sei denn, du dealst mit Gras und kannst ihm was verticken, wenn er verneint. Und er wird garantiert verneinen. Er hat ja nüschts.

Frag einen Berliner nie, was ihm fehlt, weil: Jenau ditte fehlt ihm gerade, kannst ma glooben. Und er wird dir auch vielmals danken, dass du ihn darauf aufmerksam gemacht hast.

Frag einen Berliner Busfahrer nie nach etwas, was du auch mittels Studium des Fahrplans herausfinden könntest. So was wie: »Fahr'n Sie übern Reichstag?« Eine derartige Frage zwingt einen Berliner Busfahrer geradezu zu Originalität. Der sagt dann so Sachen wie: »Na klar, wenn die Brücke fertig ist.« Immerhin, die Wartezeit verbringt er mit dir gemeinsam. Mit dir und den anderen im Bus, die irgendwo drüberfahren wollten. Mit etwas Glück gibt es neben der Bushaltestelle eine Imbissbude.

Frag nie einen Berliner Wurstverkäufer nach dem Unterschied von Currywurst mit Darm und der ohne Darm. Und auch nicht, wie die Wurst ohne Darm in Form gebracht worden ist. Du wirst darauf keine brauchbare Antwort bekommen. Und wenn du Pech hast, nicht mal die obligatorische Schrippe dazu.

Apropos: Frag bitte keinen Berliner, ob Schrippen schon immer so pappig geschmeckt haben. Der Berliner weiß zwar alles, meistens sogar besser als andere, aber er kann sich sehr, sehr schlecht erinnern. Das allerdings weiß er nicht. Er weiß lediglich, dass früher alles besser war.

Sagt ein Berliner, darüber könne man nicht meckern, frag ihn lieber nicht nach dem Wieso. Sei lieber froh für den Moment. Und grüße einen Berliner nie auf der Straße. Mach das bloß, wenn du mit ihm verabredet bist oder verwandt.

Fängt der Berliner tatsächlich ein Gespräch mit dir an, dann sei nach den ersten Sätzen nicht beleidigt. Das ist bestimmt nicht so gemeint gewesen. Er wollte halt mal gucken, wie du so drauf bist. Fragt dich aber der Berliner, ob es *dir* gut geht, sei besser auf der Hut. Das könnte eine Fangfrage sein.

Frag einen Berliner nie, woher er kommt. Ihm genügt voll und ganz, wo er gerade ist. Selbst wenn er in Gelsenkirchen oder – sagen wir – in Nassau an der Lahn geboren sein sollte, ist das nach zwei Wochen quasi verjährt. Und frag einen Berliner erst recht nicht, ob West oder Ost. Berliner kennen keine Himmelsrichtungen. Berliner kennen nur Kieze, und in denen gibt es allenfalls rechts oder links, was ich in Gegenwart eines Berliners besser nicht thematisieren würde. Natürlich hat ein Berliner eine politische Meinung, bestimmt, doch frag ihn lieber nicht danach. Er wird dir drei Meinungen anbieten, denn eigentlich hat er gar keine Meinung, die allerdings vertritt er mit Vehemenz.

Frag einen Berliner nie, ob ihm was gefällt. Darüber hat er nämlich noch nie nachgedacht. Reicht ja schon, dass man über dies und jenes nicht meckern kann, wa?

Frag einen Berliner nie, ob er gern woanders wäre. Die Frage stellt sich für ihn nicht. Ab und an wünscht er seine Frau woandershin, doch der Flug zum Mond ist ohnehin unbezahlbar für ihn. Und in Spandau war er bereits, wenn auch aus Versehen. Muss er nicht wieder hin.

Frag mich nicht, warum ich immer nur von *dem* Berliner spreche und nie von der Berlinerin. Ey, sach ma! Die Dinger heißen bei uns eh Pfannkuchen und die Pfannkuchen Eierkuchen. Damit das mal klar ist. Ende der Diskussion. Oder haste mir nicht zugehört?

WIR VOM MILIEU

Frank Sorge

Es klingelt.

»Ja, hallo?«, frage ich durch die geschlossene Tür.

»Hätten Sie kurz Zeit?«

»Äh ... nein, wissen Sie, es ist so ... Diese Wohnung ist Satan geweiht, und wir sind jetzt leider wirklich mitten in einer Beschwörung.«

»Wir sind keine Zeugen Jehovas, wir sind vom Milieuschutz.«

»Ach so«, sage ich, hänge die Axt wieder an die Wand und öffne.

»Sicher haben Sie gehört, dass Ihre Straße jetzt zum Milieuschutzgebiet erklärt worden ist. Wir wollten uns nur kurz vorstellen.«

»Sehr schön, ich habe davon gehört.«

»Neben dem Schutz Ihrer Mieterrechte ist es auch unser Ziel, den ursprünglichen Flair des Weddings zu erhalten. Wenn Sie erlauben, hier ein paar kurze Hinweise.«

»Okay.«

»Der Flur vor Ihrer Wohnung ist doch sehr aufgeräumt, ist uns aufgefallen, wenn Sie noch eine Pappkiste oder dergleichen hätten und ein bisschen Unrat zum Rausstellen, wäre es gleich viel heimeliger.«

»Unrat? Sie meinen Müll?«

»Ja, zum Beispiel. Wenn Sie Ihre vollen Tüten erst einmal hier herausstellen würden.«

»Aber da beschwert sich unser Hausmeister.«

»Das ist rechtlich jetzt anders mit dem Milieuschutz, es geht um notwendige Dekoration. Sie können sich jederzeit darauf berufen.«

»Interessant.«

»Auch Sperrmüll auf der Straße und im Hof untersteht diversen neuen Schutzgesetzen. Ein widerspenstiger Hausmeister sitzt für den Rest seiner Tage ein, wenn der hier Hand anlegt.«

»Wie ist es mit unserem Kinderwagen? Laut Hausordnung dürfte der hier nicht stehen.«

»Kein Problem, das geht jetzt alles über den Milieuschutz. Hier im Wedding gibt es allerdings bei Kinderwagen den Spezialfall, dass die regionale Unterscheidung zum Prenzlauer Berg deutlich sein muss. Wir wollen ja hier keine Gentrifizierung.«

»Aha, wie soll das gehen?«

»Eine Tüte Altglas in die Gondel nach dem Abstellen reicht schon, gerne mit schimmelnden Resten.«

»Sagen Sie, riechen Sie das auch?«

»Ach ja, das sind unsere neuen Etagendüfte im praktischen Rattenköderspender. Wir verteilen die überall in den Häusern, Sie können wählen zwischen Katzenurin, Fußgeruch und Vergorenem.«

»Dann Vergorenes bitte.«

»Riecht streng, aber man gewöhnt sich dran. In einer Woche blenden Sie das aus. Gerade wegen der Außenstehenden hilft das, die Mieten nachhaltig unten zu halten. Kochen Sie?«

»Ja, schon, beinahe jeden Tag.«

»Dann empfehlen wir, unbedingt in den Flur zu lüften.«

»Bei offener Tür kochen?«

»Ja, aber auch nicht zu lange, es wird generell immer zu schnell gelüftet. Ein guter, wirklich charaktervoller Raumduft braucht Zeit, sich zu entwickeln. Wegen der Duftspender übrigens, echte Rattenköder sind jetzt verboten. Ratten jeder Art und auch die Tauben stehen ab sofort unter regionalem Naturschutz beziehungsweise sind als Bürger des Weddings ebenso schutzberechtigt.«

»Bürger des Weddings?«

»Ja, mit den Tieren in der Statistik können wir die Arbeitslosenquote hier in der Gegend hochhalten.«

»Gibt es eine Übersicht, was sich da jetzt rechtlich ändert?«

»Die Broschüre haben wir dabei, mit den wichtigsten Tipps, und hier ist auch ein Kalender mit unseren Kursangeboten. Gibt wirklich vieles, eine Graffitiwerkstatt zum Beispiel, Ihr Treppenhaus ist noch völlig kahl; oder ›Fluchen für Anfänger‹, wenn Sie Interesse haben? Da Sie bei unserem Empfang durch die Tür schon ganz milieugerecht gehandelt haben, darf ich fragen: Sind Sie geborener Berliner?«

»Äh, ja. Aber ich möchte nicht erkannt werden.«

»Das wird leider nicht mehr gehen, tut uns leid. Als Eingeborener sind Sie ab sofort verpflichtet, zu berlinern und in der Öffentlichkeit eine Schiebermütze zu tragen. Ihnen empfehlen wir außerdem den Unfreundlichkeitskurs zum Auffrischen.«

»War ich denn zu freundlich?«

»Ein wenig, aber wir wollen gar nichts vorschreiben, nur empfehlen. Bei Besuchen wie unserem muss man ja nicht unmittelbar ins Gespräch kommen. Tür zuschlagen und ›Verpisst euch, ihr Arschgeigen!‹ rufen ist so einer der Klassiker. Wir haben auch Klebezettel für die Tür zur Erinnerung.«

»Die könnt ihr euch sonstwo hinstecken.«

»Sehr nett, kein Problem.«

»Gibt's umsonst. Und macht jetzt mal langsam die Flocke bitte, ick hab zu tun.«

»Na klar. Das nächste Mal gerne ohne ›bitte‹, ja?«

»Fickt euch ins Knie!«

»Dürften wir demnächst noch einmal klingeln, wie es so läuft?«

Ich werfe die Tür ins Schloss. Man tut, was man kann.

NACHWORT

Über Berlin zu schimpfen, gehört zum guten Ton in Berlin. Wir dürfen das. Schließlich zahlen wir einen hohen Preis dafür: Wir wohnen hier. Ganz anders als Bayern, die sich darüber beklagen, dass ihr Geld via Länderfinanzausgleich endlich mal etwas Vernünftigem zugeführt wird (uns nämlich); als AfD-Trottel, die Sodom und Gomorrha in der Hauptstadt wittern, weil hier nicht nur Kinder herumlaufen, die so aussehen, als könnten sie direkt bei der Hitlerjugend mitmachen; als auswärtige Investoren, die nicht verstehen, dass hier Menschen leben, die ihre Umgebung nicht nur als Matrix zur Renditemaximierung sehen. Die sollen alle die Klappe halten. Pöbeln können wir sowieso besser. Und lustiger.

Das zeigt einmal mehr dieses Buch. Und, oh Wunder, gleichzeitig auch noch, warum wir hier trotzdem gerne leben. Gut, zwei von uns sind hier geboren worden, die können nicht anders, da der Berliner es traditionell nicht schafft, seine Stadt zu verlassen. Aber wir anderen haben es uns ausgesucht. Zum Unverständnis der Menschen, die wir noch von früher kennen. Es steht zu befürchten, dass sie unsere Entscheidung nach der Lektüre dieses Buches noch weniger verstehen. Diejenigen aber, die ebenfalls hier gestrandet sind, werden hoffentlich zustimmend nicken.

Wir, das sind die *Brauseboys*. Seit nunmehr 15 Jahren kommen wir an jedem Donnerstag zusammen, um Geschichten, Satiren, Lieder, Dialoge, Essays und Gedichte auf der Bühne vorzutragen. Frisch geschriebene und gut abgehangene. Jede Woche neu zusammengestellt, ohne vorherige Absprache, mit wechselnden Gästen, ohne eine andere Gewissheit als die, dass der jeweilige Abend kein Ende kennt, sondern nur eine Fortsetzung, und zwar am nächsten Donnerstag.

Wir sind aufgetreten, als die Orkane Xavier und Kyrill reihenweise die Bäume um uns herum umgenietet haben, als im Sommer 2017 eine Sintflut über uns hereinbrach, als am 20. März 2003 George W. Bush den Irakkrieg vom Zaun brach, wir sind Heiligabend aufgetreten, Silvester verbringen wir schon seit über zehn Jahren gemeinsam auf der Bühne, wir haben Gastauftritte von Philipp Lengsfeld von der CDU ebenso überstanden wie von pubertierenden *Chuckamucks*. Das alles ohne Subventionen, ohne Kulturförderung, nur wir und das Publikum. So schreiben und lesen wir, was wir wollen. Manche Texte sind in Zeitungen und Zeitschriften erschienen, andere sind gleich wieder für immer verschwunden, wieder andere sind später poliert und aufgehübscht in Büchern erschienen – einige der besten der letzten etwa fünf Jahre beispielsweise in diesem hier.

Das selbstverständlich kein Ende kennt, sondern nur eine Fortsetzung. Am nächsten Donnerstag. Wahrscheinlich im *La Luz*. Wenn nicht dort gerade ein Illuminatenkongress tagt und wir in einer unserer Lieblingsbars in der Umgebung Asyl finden, in der *Nussbreite*, der *Flop-Bar*, im *Mastul*. Oder wenn wir nicht um den Jahreswechsel herum im *Kookaburra* dem Jahr ein herzliches »Auf Nimmerwiedersehen« hinterherrufen. Kommen Sie einfach vorbei. Seien Sie unser Weddinggirl oder -boy. Denn für uns sind Sie VIP. In jeder Donnerstagnacht.

Ihre Brauseboys

DIE BRAUSEBOYS

sind

THILO BOCK

wurde 1973 in Berlin geboren. Der promovierte Philologe hat bislang drei Romane (zuletzt »Tempelhofer Feld«, Fuchs & Fuchs) und zwei Erzählbände (»Dichter als Goethe«, Satyr) veröffentlicht und ist Redakteur der Literaturzeitschrift »Salbader«. Langjährige Mitwirkung bei Randkulturveranstaltungen in schlecht beleuchteten Lokalen. Seit 2016 auf der Überholspur als Nachrücker bei den *Brauseboys*.

ROBERT RESCUE

wurde 1969 in Rheinland-Pfalz geboren. Lebt seit 1993 in Berlin und seit 2005 im Wedding. Leitete Schreibwerkstätten und organisierte Lesungen für junge Autoren, bis er zu alt dafür wurde. Gründungsmitglied der *Brauseboys*. Veröffentlichte die Kurzgeschichtensammlungen »Eimerduschen« und »Zum Glück habe ich wenigstens Pech« sowie den Roman »Der Intimitätendieb« im Periplaneta Verlag.

FRANK SORGE

wurde 1977 in Berlin geboren. Er hat einige Semester Germanistik, Philosophie und Klassische Archäologie studiert, seit 2001 liest er auf den Berliner Lesebühnen Geschichten und Gedichte vor. 2011 erschien »Brunnenstraße 3, Berlin« im Eichborn Verlag als Buch und Hörbuch, 2014 »Degeneration Internet: Surf- & Klickgeschichten« (Satyr).

VOLKER SURMANN

1972 in Ostwestfalen geboren, ist Autor, Satiriker, Poetry-Slammer und Satyr-Verleger. Er schreibt u. a. für die »taz-Wahrheit« und das queere Stadtmagazin »Siegessäule«. Seit 2010 veröffentlichte er drei Romane, zuletzt »Mami, warum sind hier nur Männer?« (Goldmann: 2015). Anfang 2017 erschien seine zweite Geschichtensammlung »Bloßmenschen. Schöner schämen für alle« (Satyr).

HEIKO WERNING

1970 in Münster geboren, seit 1991 im Wedding, ist Reptilienforscher aus Berufung, Schriftsteller aus Gründen, Liedermacher aus Leidenschaft und Plattenmogul aus wirtschaftlichem Unverstand. Neben den *Brauseboys* liest er bei der *Reformbühne Heim & Welt*, schreibt für »Titanic«, »Jungle World« und »taz«. Bislang sechs Solobücher, zuletzt erschienen: »Vom Wedding verweht« (Edition Tiamat: 2017).

DIE BRAUSEBOYS

lesen jeden Donnerstag um 20:30 Uhr im *La Luz*, Osramhöfe/Carrée Seestraße, Berlin-Wedding. Ihr Jahresrückblick »Auf Nimmerwiedersehen« läuft jedes Jahr von Mitte Dezember bis Anfang Januar im *Kookaburra*, Berlin-Mitte.

WWW.BRAUSEBOYS.DE
FACEBOOK: BRAUSEBOYS